ЧЕЛОВЕК, КОТОРЫЙ ИЗМЕНИТ МИР

история жизни и деятельности каббалиста Бааль Сулама

М. Бруштейн
Человек, который изменит мир.
Bnei Baruch-Kabbalah La'am 2024. – 230 стр.
Напечатано в Израиле.

M. Brushtein
The man who will change the world.
Bnei Baruch-Kabbalah La'am 2024. – 230 pages.
Printed in Israel.

ISBN 978-965-7833-30-8

Кажется XX век закончив временной круг возвратился в новом, страшном обличии в век XXI. События, мелькающие перед нашими глазами, не поддаются ни логике, ни здравому смыслу. Течение времени начало делиться не на недели и месяцы, а на подвиды коронавируса и массированные ракетные обстрелы.

И все-таки у нас есть шанс из этого тупика выйти. Есть человек, который изменит наш мир. Не важно, что об этом человеке многие даже не слышали и то, что он уже около семидесяти лет не с нами. То наследие, которое он оставил, рано или поздно поможет человечеству выйти на правильную дорогу. Этот человек – каббалист, и более всего он известен под именем Бааль Сулам.

© M. Brushtein.
© Bnei Baruch-Kabbalah La'am Association, 2024
4934826, HaRabash St 12, Petah Tikva, Israel.
All rights reserved.

Михаил Бруштейн

ЧЕЛОВЕК, КОТОРЫЙ ИЗМЕНИТ МИР

история жизни и деятельности каббалиста Бааль Сулама

Оглавление

ПРЕДИСЛОВИЕ 8

ЧАСТЬ ПЕРВАЯ. РОДОСЛОВНАЯ КАББАЛИСТА 17
Глава 1. Родители 18
Глава 2. Что такое жизнь и что такое смерть 24
Глава 3. Профессия отца и происхождение фамилии. 28
Глава 4. О матери Бааль Сулама 34
Глава 5. Луков 38

ЧАСТЬ ВТОРАЯ. СТАНОВЛЕНИЕ 47
Глава 6. Варшава 48
Глава 7. Евреи Варшавы 52
Глава 8. Второй фактор 60
Глава 9. Варшава. Продолжение 64
Глава 10. Третий фактор 68
Глава 11. Точка в сердце 72
Глава 12. Четвертый фактор 78

ЧАСТЬ ТРЕТЬЯ. КАК И ГДЕ УЧАТ КАББАЛУ 81
Глава 13. Учителя 82
Глава 14. Кто и почему начинает учить каббалу . . . 90
Глава 15. Учителя Бааль Сулама 94
Глава 16. Рабби из Пурсов 98
Глава 17. О поведении каббалистов 102
Глава 18. Каббалистические праздники (Песах)
рабби из Пурсова 106
Глава 19. Каббалистические праздники (Суккот)
рабби из Пурсова 114

ЧАСТЬ ЧЕТВЕРТАЯ. ПОЧЕМУ ЕВРЕИ 119
Глава 20. Еврейская проблема 120
Глава 21. Почему евреи 128
Глава 22. Милая улица 136
Глава 23. Истоки появления Израиля 150

Глава 24. Тайный каббалист. 158
Глава 25. Антиединство евреев Польши. 164
Глава 26. На что только не способны евреи 168
Глава 27. Изменение реальности. Как это работает. . 174

ЧАСТЬ ПЯТАЯ. ЦЕЛЬ – ЭРЕЦ ИСРАЭЛЬ 181
Глава 28. Пророчество Бааль Сулама. 182
Глава 29. Подготовка к отъезду. 190
Глава 30. Природа не прощает 196
Глава 31. Ненависть до последнего человека 200
Глава 32. Что ждут от евреев 204
Глава 33. Обстоятельства отъезда 208
Глава 34. Отъезд в Эрец Исраэль 214

ЭПИЛОГ ПЕРВОЙ КНИГИ 220

ПРЕДИСЛОВИЕ

Каббалист – не волшебник, совершающий чудеса. Его роль среди нас в общей помощи, в том, чтобы поднять уровень человеческого сознания до осознания необходимости самоисправления, а также лично помочь каждому из нас, если человек того желает.[1]

---

1   М. Лайтман. Постижение Высших миров. LKP. Израиль 2016. С. 60.

ПРЕДИСЛОВИЕ

Каббалисты – не волшебники

Кажется XX век закончив временной круг возвратился в новом, страшном обличии в век XXI. Прогнозы из прошлого столетия об очередной мировой войне заполнили сегодняшние передовицы. Предположения о возможном применении атомного оружия теперь воспринимается с самоубийственным хладнокровием.

События, мелькающие перед нашими глазами, не поддаются ни логике, ни здравому смыслу. Течение времени начало делиться не на недели и месяцы, а на подвиги коронавируса и массированные ракетные обстрелы.

Мир переполняет индифферентность не потому, что он стал другим, а потому что никто не видит выхода из глобального цивилизационного кризиса. Абсурдная идея решить проблему грядущего уничтожения человечества колонизацией Марса, говорит о том в какую черную дыру безысходности мы попали.

И все-таки у нас есть шанс из этого тупика выйти. Есть человек, который изменит наш мир. Не важно, что об этом человеке многие даже не слышали и то, что он уже около семидесяти лет не с нами. То наследие, которое он оставил, рано или поздно поможет человечеству выйти на правильную дорогу. Этот человек – каббалист, и более всего он известен под именем Бааль Сулам.

Что думают о каббалистах, что от них ждут? Это мистики? Пророки? Колдуны? Святые?

Правда гораздо прозаичней, хотя не менее впечатляющая. Это прежде всего СОБИРАТЕЛЬ. Каббалист работает на уровне восприятия реальности. Он, если можно так сказать, собирает, склеивает разрываемую людьми реальность. Люди как молекулы кипящей воды бурлят, сталкиваются и смешиваются, хотя мечтают о тишине и покое. Новые социальные формации, войны и завоевания – все это по сути попытки «непонимающих молекул» прийти к спокойствию и равновесию.

Вся наша непредсказуемая реальность, в каббале называется КЛИ. Это одновременно сосуд и инструмент. Его предназначение принять и усвоить с благодарностью ту энергию, которую пытается нам передать Творец. Эта энергия называется СВЕТ. Для нас этот СВЕТ сегодня и есть тот самый кипяток.

Каббала говорит, что первопричина всех проблем человечества заключена не во внешних факторах, а в натуре человека. Точнее сказать в той единственной силе, которая нами движет. Эта сила называется эгоизм или Эго.

Эго – не есть нечто аморфное, неосязаемое, некая «психологическая сущность» по Фрейду, а вполне объективная и измеряемая величина.

Согласно открытиям науки каббала, эго – это вообще единственное, что было создано Создателем. Об этом мы еще поговорим, а сейчас отметим, что первый фундаментальный труд, объясняющий все, если можно так сказать, технические параметры Эго, был создан под руководством каббалиста XVI века Ари. С этого момента каббала начала распространяться по всему миру. В XX веке исследования Ари вышли на уровень практического применения всем человечеством и это стало возможным благодаря научным изысканиям Бааль Сулама.

Ари жил и работал в переломную эпоху, ознаменованную изгнанием евреев Испании и открытием

Америки. Оба этих события стали теми движущими силами, которые раскрутили колесо цивилизации. Следующий подобный исторический импульс пришелся на XX век, в преддверие которого и родился Бааль Сулам.

Его полное имя Йегуда Лейб Леви Ашлаг. Бааль Суламом он стал после выхода в свет его труда, который представляет собой Книгу Зоар с комментариями Сулам (лестница). С тех пор его стали назвать Бааль Сулам (владелец, хозяин лестницы).

Для написания этой книги было собрано много биографических данных, которые подтверждаются фотографиями оригинальных документов на разных языках, и сопровождаются ссылками на архивы, где эти документы содержатся.

Документы несут информацию, которая отражает реальность лишь в связи с эпохой и обстоятельствами, в которых этот документ появился. Поэтому для большей наглядности были привлечены биографические данные некоторых людей, которые по мнению автора хорошо иллюстрируют тенденции той эпохи.

Любовь

Мы говорим, да в общем-то и видим, что человечество эволюционирует, переживает технологические революции, развивает науки вследствие чего увеличивается продолжительность и качество жизни. Парадокс в том, что именно сегодня мы ближе, чем когда-либо раньше, стоим на грани тотального уничтожения. Спрашивается, почему?

Чтобы жить хорошо, нам нужен не искусственный интеллект и даже не передовые продовольственные технологии, поскольку не это в конечном итоге делает людей счастливыми. Счастье находится во взаимоотношениях между людьми. Высшая стадия человеческого счастья имеет совершенно конкретное название, которое все знают – это любовь, в самом широком смысле этого слова.

Здесь мы подошли к самому важному вопросу – почему человечество не направляет все свои усилия и все свои ресурсы на поиск и реализацию того, что важнее всего и нужно всем людям и не только им?

Существует только один единственный фактор, который не позволяет нам этого делать. Фактор этот так же, как и любовь, не скрывается в тайниках вселенной и мистических откровениях. Он находится неразлучно с каждым из нас, что называется 24 х 7 и имеет совершенно конкретное название – Эго.

Личный Эгоизм, который, по сути, определяет свойства каждого творения, мешает нам стать счастливыми. Но разве возможно стать счастливыми, любить других как самих себя и одновременно с этим не потерять собственную идентичность? Каббалисты утверждают, что такая возможность существует и именно в этом заключается уникальность каббалы.

Сделать мир лучше

Бааль Сулам уже в детстве столкнулся с удивительным парадоксом. Евреи несмотря на то, что находились во враждебном окружении, постоянно конфликтовали между собой. При этом в абсолютном большинстве они придерживались религиозного образа жизни и выполняли необходимые предписания.

Особенно поражает в этом наблюдении тот факт, что практически каждый еврей жаждет социального и другого равенства, и стремится сделать мир лучше.

Как раньше, так и сегодня мы видим евреев в первых рядах борцов за всевозможные виды справедливости. Проблема в том, что это абсолютно не устраняет вражду между самими евреями, не говоря уже о том, что ради великих идей они не жалеют ни своих, ни чужих жизней. Это явление наблюдается во всех странах и во все времена.

В каббале очень подробно разбираются подобные парадоксы, в основе которых на самом деле находятся скрытые от нашего понимания, основополагающие законы природы.

Современные исследователи деятельности Бааль Сулама давно обратили внимание на его работы в области социальных взаимоотношений, однако они не поняли главного. Это не прихоть или хобби каббалиста. Каббала – это та наука или, если хотите, такая область знаний, которая исследует, прогнозирует, и способна создать условия, которые необходимы для социальных изменений. И наконец, главное: цель каббалы – не сделать мир лучше. Цель каббалы – сделать человека счастливым, а для этого он должен знать краеугольные законы природы и правильно с ними взаимодействовать.

Поэтому бытующее мнение, что каббала – это средневековое мистическое учение, а каббалисты – или святые, или колдуны, а возможно и то и другое, не имеет никакого отношения к действительности.

ПРЕДИСЛОВИЕ

Каббала еврейское изобретение?

Считается, что каббала — это еврейское «изобретение». Однако все обстоит с точностью наоборот. Благодаря методике каббалы появился еврейский народ.

Свои истоки каббала ведет от человека, которого звали Адам. Впоследствии родоначальник евреев Авраам сумел впервые применить эту науку на практике. С ее помощью и был создан еврейский народ. Возможно вышесказанное кажется, мягко говоря, неожиданным и даже возможно мистификацией, однако не будем торопиться с выводами. Что касается доказательств то одно из них находится, что называется в свободном доступе.

Как вам такое: еврей – это единственная национальность на Земле, которую можно выбрать самому. То есть любой человек в мире, выучив некий свод правил и сдав соответствующий экзамен может стать самым настоящим евреем, к тому же с правом репатриации в Израиль.

Со всеми остальными национальностями в мире дела обстоят совершенно иначе. Человек не может в принципе, законным образом выбрать или поменять себе национальность. Он получает ее благодаря кровному родству, или не получает. Дело в том, что евреи – это народ идеи, которую открыли и реализовали на практике каббалисты. Она заключена в одной фразе: «Возлюби ближнего как себя».

Родоначальник еврейского народа Авраам прошел определенный жизненный путь. В этом каждый его потомок, хотя правильнее будет сказать последователь, в чем-то похож на Авраама. Такой человек, в какой бы точке планеты и в какую бы историческую эпоху он не родился, чаще всего уже в младенческом возрасте начинает ощущать от окружающих специфический пресс, под названием антисемитизм. Это давление меняется по величине и принимает различные формы в зависимости от местных условий, но суть от этого не меняется.

Одновременно с этим у каждого еврея есть некая точка, которая вынуждает его действовать. Это явление очень подробно описано в аллегорической форме в истории египетского рабства, в котором находился еврейский народ. Народный предводитель Моше (Моисей), как раз и олицетворяет эту точку.

Еврею недостаточно самому вырваться из того «ощущения плена» в котором находится сам. Он хочет изменить весь мир к лучшему и готов ради этого на все не жалея ни себя ни других. Поэтому мы видим представителей еврейского народа всюду, где требуется инициатива, энергия, неугомонность... одним словом «движуха».

Между прочим, термин «народ идеи» использован не для красного словца. «Еврейские идеи» в том или ином виде нашли свое место по всей Земле. Вспомним хотя бы этические нормы, которые органически вплетены во все законодательства, а также упомянем выходной день, который обязателен повсюду.

Бааль Сулам не родился каббалистом. Еще в раннем детстве он, как и любой еврейский ребенок рано понял, а точнее ощутил, что с ним что-то не так. С одной стороны его окружали любящие родители, а с другой стороны он испытывал непонят-

ПРЕДИСЛОВИЕ

но чем вызванное неприятие, вплоть до ненависти внешнего мира.

Как любящие, так и ненавидящие евреев люди не могли ему тогда толком ничего объяснить, точно так же, как не могут объяснить это ни себе и ни другим и сегодня. Ответ на этот вопрос он получил лишь тогда, когда стал каббалистом.

Все происходящее на свете имеет свои причины. То отношение, которое мир питает к евреям, не исключение. Когда Бааль Сулам стал каббалистом, он выяснил, что «еврейский вопрос» в лоб решить невозможно, потому что евреи – это не народ в обычном понимании. Это народ, созданный на основе идеи «возлюби ближнего как себя» и только на этом уровне он и может быть решен.

Кроме того, он постиг и донес до нас, что каббала – это не мистика, а подарок, который предназначен нашему поколению.

Эта книга написана для того, чтобы люди познакомились лучше с Бааль Суламом, а главное, чтобы захотели узнать, что такое настоящая каббала и для чего она предназначена.

> *Мы заблудились в ужасной пустыне вместе со всем человечеством, и теперь нашли большую сокровищницу, полную всех благ. Речь идет о каббалистических книгах в этой сокровищнице, которые насыщают наши души...[2]*

---

2 Бааль Сулам. Последнее поколение. Kitvei Baal Hasulam. ARI. Israel. 2009. P. 813.

ЧАСТЬ ПЕРВАЯ.
РОДОСЛОВНАЯ КАББАЛИСТА

Глава 1.
Родители

О том, что такое каббала и кто такие кабалисты, существует множество и часто очень полярных мнений. О каббале и ее истоках мы будем тоже говорить, но главный герой этой книги – величайший каббалист 20-го века Бааль Сулам.

Мы любим идеализировать и мифологизировать своих героев, не избежал этого и Бааль Сулам. На самом деле в этом нет ничего плохого. Проблема лишь в том, что таким образом мы отделяем такого человека от реальной жизни, а нас самих это превращает в сторонних слушателей полуправдивых сказаний.

Начнем мы не с воспоминаний правнуков, а с официального документа. Перед вами свидетельство о браке родителей Бааль Сулама – Симхи Ошляк и Маши Паргамент.

Свидетельство о браке между Симхой Ошляк и Машей Паргамент

Здесь и далее расшифровка текста в соответствии с орфографией оригинала. Буквы, которые были упразднены при реформе 1918 г. не используются.

ЧАСТЬ ПЕРВАЯ. РОДОСЛОВНАЯ КАББАЛИСТА

Состоялось въ городе Луковъ тысяча восемьсотъ восемьдесятъ перваго года втораго сентября въ десять часовъ утра явился лично раввинъ Луковскаго Еврейскаго Округа Маеръ Рапопортъ совместно съ жителемъ города Желихова Сымхою Ошлякъ холостымъ, двадцати летъ отъ роду, сыномъ Хуны и Рыфки Леи и еврейкою города Лукова Машою Паргаментъ девицею восемнадцати летъ отъ роду дочерью Лейбуса и Двойры въ присутствии Йоселя Вахмана пятидесяти семи летъ и Абрама Вишня шестидесяти семи летъ отъ роду, школьниковъ[3] въ городе Луковъ жительствующихъ и объявить, что вчерашняго числа между Сымхою Ошлякъ и Машею Паргаментъ заключенъ религиозный бракъ и родители къ браку этому изъявили согласие.

Актъ сей предшествующимъ былъ троекратноими оглашениями въ Луковской Еврейской Синагоге въ дняхъ: четвертаго, одинадцатаго и восемьнадцатаго Июля сего года.

Новобрачные заявили, что предбрачного регентамнаго договора между собою незаключали. Актъ сей прочитанъ и подписанъ. Новобрачные и свидетели неграмотные.

подпись /М. Рапопортъ/

Содержащий акты
Гражданскаго Состояния /подпись/

Прежде всего бросается в глаза язык документа, его сохранность, почерк и орфография.

---

3   Школьник – синагогальный служка, выполняющий различные функции.

Из текста на нас сразу сваливается масса интересной и познавательной информации. Мы узнаем, что отца Бааль Сулама, в русской орфографии того времени звали Сымха Ошлякъ. Он был жителем города Желехов (Żelechów). Этот населенный пункт, под этим же названием существует и поныне. Он расположен приблизительно в 85 километрах к юго-востоку от столицы Польши – Варшавы.

В 1861 г., когда родился Симха, это местечко, как, собственно, и все Царство Польское, находилось в составе Российской империи. Несмотря на небольшие размеры и малонаселенность, этот город, а скорее городок был достаточно известен и не только в Польше. На сайте Jewish Zelechow можно найти много любопытной информации о городе и его истории. Например, что в 1856 г. в нем проживало 1095 поляков и 2317 евреев. Среди них числится много людей с фамилией Ошляк, очевидно речь идет о целой династии. Первым в этом списке стоит Моше Ошляк, который родился в 1844 г.

Также указывается, что там была очень развита кожевенная отрасль. В 1860–1870 гг. прибывшие из России еврейские купцы, по достоинству оценили качество работы местных кожевенников. Они начали скупать их продукцию оптом, и вскоре Желехов прославился на всю Россию.

Много лет спустя, при переезде в подмандатную Палестину, Бааль Сулам, несмотря на то что занимал перед этим серьезную должность в судебно-религиозной системе Варшавы, решил, что будет зарабатывать на хлеб ремеслом, а именно обработкой кожи.

Далее на сайте сообщается, что летом 1880 г. в Желехове случился сильнейший пожар. Сгорели

200 домов и синагога. По сути, сгорело половина домов, поэтому этот пожар иначе, чем катастрофой не назовешь.

Понятно, что многие жители лишились не только крова, но и просто куска хлеба. Немало погорельцев покинули город и, очевидно с ними был и двадцатилетний Симха.

В любом случае, уже через год с небольшим после пожара, в 1881 г. он, как следует из акта регистрации брака, женится в городе Луков (Łuków) на девице Маше Паргамент.

Поскольку в книге фигурирует большое количество документов, касающихся рождения и смерти родственников Бааль Сулама, имеет смысл рассказать о его отношении к таким важным темам, как жизнь и смерть. Подобные вопросы касаются каждого человека, поэтому стоит остановиться на них подробнее.

Глава 2.

Что такое жизнь и что такое смерть

> …не только материальные обретения переходят к нам по наследству от предков, но и духовные. И все знания, [обретением] которых занимались наши предки, переходят к нам по наследству, из поколения в поколение.[4]

---

[4] Бааль Сулам. Свобода воли. Kitvei Baal Hasulam. ARI. Israel. 2009. P. 417.

Приведем одно известное высказывание Бааль Сулама: «Мне безразлично, где похоронят мешок с моими костями». На современном сленге это можно назвать словом «жесть». Между тем, кажущееся нам таким пренебрежительным отношение к материальному телу, не случайно. Каббалисты знают, какое место и значение занимают в системе мироздания то, что мы называем «жизнь и смерть», а их объяснения по этому поводу кардинально отличаются от общепринятых.

В статье «Свобода воли» Бааль Сулам говорит, что любое создание является результатом взаимодействия 4-х факторов:

- Первый фактор – основа или первичный материал.
- Второй фактор – программа свойств этой основы, которая не изменяется.
- Третий фактор – программа свойств этой основы, которая изменяется под воздействием внешних сил.
- Четвертый фактор – программа внешних сил.

Первый фактор (основа) – это первичный материал создания. Все что нам кажется новым, на самом деле возникает как «сущее из сущего» («еш ми-еш»). Форма может изменяться, а вот основа – никогда. Выражение «нет ничего нового под солнцем», более известное русскоязычному читателю как «нет ничего нового под луной» образно и одновременно очень точно отражает такую реальность.

Например, если мы возьмем пшеницу, то – поскольку основа (первичный материал) никогда не меняется – из пшеничного зерна может вырасти только пшеница, а, например, не рожь или овес. Точно также обстоит дело и с человеком.

Глава 2. Что такое жизнь и что такое смерть

> *Поскольку человек создан как «сущее из сущего», то есть из самой сердцевины порождающих его, то, в соответствии с этим, в определенной степени он как бы является их копией, перепечатывающейся из книги в книгу.*
> *То есть почти все, что было принято и постигнуто отцами и дедами, также переходит и к нему, и отпечатывается в нем.*[5]

Кроме всего прочего, факт возникновения «сущего из сущего» говорит о существовании причинно-следственной связи между всеми частями нашей реальности. К сожалению, пока нам трудно это осознать, поэтому к понятиям «жизнь и смерть» мы относимся как самостоятельным и даже антагонистическим понятиям.

Между тем, жизнь и смерть – это звенья одной цепи. Наше отношение к смерти определяется тем, что мы не видим связи между этими звеньями. Настоящее знание – это не информация, полученная из книг. Нам важно это ощущать. Ключ к правильному ощущению реальности находится в наших руках, однако только каббалисты умеют этим ключом пользоваться.

Начатый разговор по поводу жизни и смерти мы продолжим, а пока поговорим о том, чем занимался отец Бааль Сулама.

---

5   Бааль Сулам. Свобода воли. Kitvei Baal Hasulam. ARI. Israel. 2009. P. 416.

Глава 3.

Профессия отца и происхождение фамилии

Причины поступков человека называются в каббале отцами, а следствия поступков – сыновьями (правильные духовные действия).[6]

---

6   М. Лайтман. Постижение Высших миров. LKP. Израиль 2016. С. 109.

В свидетельстве о браке родителей Бааль Сулама не указано чем занимался его отец Симха Ошляк. Посмотрим, что говорят об этом другие документы.

Например, в свидетельстве о рождении его сына Хаима – старшего брата Бааль Сулама.

Свидетельство о рождении Хаима Ошляка – старшего брата Бааль Сулама

Глава 3. Профессия отца и происхождение фамилии

Состоялось въ гор. Луковъ тысяча восемьсотъ восемьдесятъ третяго года февраля двадцать пятого дня въ половину двенадцатаго часа утра. Явился лично Сымха Ощлякъ двадцати двухъ летъ торговецъ в гор. Луковъ жительствующий въ присутствии Ицка Нысенбомъ пятидесяти летъ и Абрама Вишня пятидесяти восьми лет школьниковъ въ гор. Луковъ жительствующихъ и предъявилъ Намъ младенца мужескаго пола объявляя, что таковой родился въ гор. Луковъ десятаго Января сего года отъ законной его жены Маши урожденной Паргаментъ двадцати летъ отъ роду. Младенцу этому при обрезании дано имя Хаимъ. Настоящий актъ незаявленъ своевременно по причине болезни отца. Актъ сей оконченъ прочитанъ и Нами подписанъ. Объявляющий и свидетели неграмотные.

Содержащий акты

Гражданскаго Состояния /подпись/

Здесь мы читаем, что в возрасте 22 лет Симха числился торговцем. Когда родился Бааль Сулам, Симхе было 25 лет, и тогда он был записан промышленником. В свидетельстве о смерти дочки Бааль Сулама указано, что Симха – мясник. Во всех более поздних документах, как на русском, так и на польском языках, он фигурирует только как мясник (rzeznik).

```
OSZLAK Aron handl., Twarda 36.
   — Symcha rzeźnik. Pawia 72.
```

В разнообразных справочниках и документах мы находим, что Симха Ошляк, торговал мясом на ул. Смочья, 29. (Smocza).

На улице Smocza, 29 находился базар, на котором Симха торговал по меньшей мере до 1923 г. Эти данные взяты из печатного отчета под названием: «DZIENNIK KOMISARJATV RZĄDV NA m.st. WARSZAWĘ». Там указано: Oszlak Symcha, właśc. jatki Nr. 63, w bazarze Smocza 29.

Как бы там ни было, его имя и адрес базара найдены в справочниках 1909–1930 гг.

Подведя итог, можно сказать, что ни в плане учености, богатства или происхождения он ничем особенным не выделялся.

Теперь несколько слов о происхождении фамилии Ошляк. Из исследований Дэвида Д. Голда[7].

> *Семья в Польше носила фамилию Oszlac (Ошляк), и сегодня ее члены живут в Соединенных Штатах (Oschlag), Дании (Oschlag), Австралии (Oschlac), Франции (Oslak) и Израиле (Ashlag).*
>
> *Oszlak происходит от польского слова «oslacg», что означает «молодой осел» (животное). Израильский член семьи переделал ее в Ашлаг, что на иврите означает «поташ».[8]*

На первый взгляд кажется, что такая фамилия не очень красит ее владельца. Вместе с тем любой че-

---

[7] Дэвид Л. Голд является основателем Ассоциации по изучению еврейских языков, а также редактором Jewish Language Review и Jewish Linguistic Studies. (David L. Gold founder and director of the Jewish Family Name File).

[8] The Indiana Jewish Post and Opinion. Septembr 13, 1989, P.14.

ловек, занимающийся каббалой, знает, что слово «осел» несет в себе особую информацию. В каббалистических источниках под этим словом подразумевается суть Творения, поскольку «хомер» – (материал творения) и «хамор» (осел), это однокоренные слова. Поэтому при любом использовании слова «хамор» каббалисты всегда подразумевают (хомер) творение, то есть «желание получать».

Мы созданы из материала, который называется «желание получать», а точнее – «желание насладиться». Следовательно, чтобы выполнить любое действие, будь то физическое или умственное, нам нужна энергия, которая проявляется в форме удовольствия. По сути, в нашем мире ничто не движется без эгоистической мотивации. Это довольно очевидно. Мы стремимся к удовольствиям и наслаждениям, и это двигает нами во всех сферах жизни. Однако мы также осознаем, что наслаждения обычно бывают кратковременными, а цена, которую мы платим за многие из них, может оказаться непомерно высокой.

Осознанно или не осознанно, мы все оцениваем в своем «желании насладиться», и на основании этой оценки мы вкладываем усилия.

И как целью осла не является служить всем ослам того же возраста в мире, так же и целью человека не является служить всем телам людей того же возраста, что и его животное тело. Но цель осла – служить человеку, который выше его, чтобы помогать ему, а цель человека – служить Творцу, довершая его замысел.[9]

---

[9] Бааль Сулам. Предисловие к книге Паним Меирот у Масбирот. Kitvei Baal Hasulam. ARI. Israel. 2009. P. 137.

Глава 4.
О матери Бааль Сулама

> *Природа уготовила надежное и подходящее место для развития плода, а с появлением новорожденного возбуждает в родителях потребность заботиться о нем, так и в духовном мире до духовного рождения человека все происходит без его ведома и вмешательства.*[10]

---

10 М. Лайтман. Постижение Высших миров. LKP. Израиль 2016. С. 217.

О матери Бааль Сулама – Маше, документальных сведений немного. Известно, что она была женщина строгая, но справедливая. К такому выводу подталкивают воспоминания ее внука Баруха (Рабаша). В детстве, в тот момент, когда он совершал какой-либо проступок, бабушка его не ругала и не наказывала. Однако по прошествии нескольких дней она подзывала к себе ничего не подозревающего внука и спокойным тоном напоминала ему о том проступке, который тот совершил. Затем она брала ремешок и отшлепывала его.

Барух, как и любой ребенок в его возрасте, к этому моменту уже даже не помнил, что именно он сделал. Тем не менее, об этом методе наказания, замешанном на любви бабушки к внуку, он помнил всю жизнь, и это не случайно.

Любовь – это то, что нужно всем, поскольку цель творения заключается в постижении абсолютной любви. Каббала, изучающая взаимосвязь между полярными, противоположными частями творения, удивляет использованием таких понятий, как «любовь». Ведь обычно любовь ассоциируется с искусством, литературой или психологией, а не с точными науками, где царят четкие определения и тщательные измерения.

В нашем меркантильном мире, в котором все измеряется деньгами, силой оружия, властью, никто не ценит человеческие чувства. Поэтому совершенно непонятно, как можно назвать систему связи всех сил природы абсолютной любовью. Это не укладывается в нашем сознании до тех пор, пока мы не начинаем понимать, что любовью называется обмен желаниями.

Глава 4. О матери Бааль Сулама

На самом деле любовь представляет собой сложную систему взаимодействий, в рамках которой протекают процессы обмена возможностями и потребностями – такими как давать и получать, наполнять и опустошать.

В этой системе каждый элемент творения находится в тесной и идеально сбалансированной связи с другими. Все ее составляющие гармонично взаимодействуют, образуя единое целое, где каждый компонент играет свою роль в поддержании общей гармонии и равновесия.

Любить кого-то – значит исследовать и раскрывать все его потребности и желания: физические, эмоциональные, духовные, моральные. Любящий постоянно стремится к наполнению этих потребностей, прилагая все свои усилия и возможности. Следовательно, под понятием «любовь» подразумевается процесс насыщения и наполнения другого человека тем, что он желает, и в той мере, в которой он действительно нуждается.

Вообще, чувственные реакции человека, такие как любовь и ненависть, рассматриваются через призму их роли в объединении всех сил природы.

В каббалистическом понимании заповедь «возлюби ближнего как себя» приобретает особый смысл и на эту тему мы будем говорить много.

Снова и снова нам придется раскрывать естественную, «материнскую», беззаветную любовь друг к другу. Каждый раз мы будем заново настраиваться на нее, оценивать происходящее с ее позиций и благодаря этому возвращаться на верный уровень отношений.[11]

ооо

В 1935 г. Маша Ашлаг скончалась и была похоронена на одном из крупнейших еврейских кладбищ Европы и мира, расположенном на улице Okopowa в Варшаве.

---

11 М. Лайтман. Из 35-й беседы о новой жизни.: [Электронный ресурс]. – 2012. URL: https://www.laitman.ru/metodika-integralnogo-vospitaniya/besedy-o-novoj-zhizni-ch-35 (Дата обращения: 15.07.2024).

Глава 5.

Луков

И из двоих, читающих одну и ту же книгу, один увидит в ней историю еврейского народа, а другой – картину управления мирами ощущаемым им явно Творцом.[12]

---

[12] М. Лайтман. Постижение Высших миров. LKP. Израиль 2016. С. 161.

Бааль Сулам родился в городе Луков (Łuków) – там, где поженились его родители. Город находится в 40 км от Желехова и в 120 километрах к востоку от Варшавы.

В 1887 г. в городе проживало 6210 человек. Из них 4097 евреев, 2041 католиков, 48 православных, 24 лютеран. Луков был ближе к цивилизации, чем Желехов, в прямом смысле этого слова, поскольку через него проходила железная дорога.

На 1894 г. в Лукове был следующие производства: фабрика свеч, маслобойня, кожевенный завод.

Желехов, как и Луков, входили в состав Седлецкой губернии. В 1887 г. в губернии проживало 106 454 еврея, 389 180 католиков, 143 083 православных, и 13 598 лютеран.

В губернии действовало 328 фабрик и заводов. Две предприятия принадлежало православным, 162 – католикам и 157 евреям. На них работало 2348 рабочих. Среди них 1934 мужчины, 79 женщины, 240 мальчиков и 95 девочек. В справочнике за 1885 г. по Седлецкой губернии указано, что как внутренняя, так и внешняя торговля за малым исключением находилась в руках евреев.[13]

Цифры наглядно показывают, что евреи, которых, мягко говоря, не жаловали, занимали совершенно непропорциональную часть в экономической жизни губернии. Этой темы мы еще коснемся, а пока остановимся на этом частном наблюдении.

В Лукове молодая семья жила около 10 лет. За это время радостные, счастливые события сменяли события трагические. Первенец – старший брат Бааль Сулама, о котором мы говорили ранее, умер в годовалом возрасте. Это мы узнаем из следующего документа:

---

13 Памятная книжка Сѣдлецкой губерніи 1885 г. Печатано въ Сѣдлецкой Губернской Типографіи. 1885. С. 187.

Свидетельство о смерти Хаима Ошляка – старшего брата Бааль Сулама

Состоялось въ гор. Луковъ тысяча восемьсотъ восемьдесятъ третяго года декабря шестнадцатого дня въ десять съ половиною часовъ утра – Явился лично Абрамъ Мойсезонъ шестидесяти летъ, и Гдаля Факторъ тридцати шести летъ гробельщики для погребения умершихъ евреевъ въ гор. Луковъ жительствующих и заявили, что вчерашняго числа въ гор. Луковъ умеръ Хаимъ - Хуна Ошлякъ, однаго года отъ роду, сынъ Сымхи и Маши Паргаментъ. По наочному удостоверению о кончине Хаима - Хуны Ошляка _ _ актъ сей прочитанъ и Нами подписанъ. – Объявляющие неграмотные.

Содержащий акты

Гражданскаго состояния /подпись/

Глава 5. Луков

Трагедия, постигшая молодую семью, через два года сменилась радостью. В 1885 г. в семье вновь появился новорожденный. Его назвали Лейбом. В будущем ему будет суждено стать великим каббалистом.

Свидетельство о рождении Бааль Сулама

Состоялось въ гор. Луковъ тысяча восемьсотъ восемьдесятъ пятого года Ноября одинадцатого дня въ одинадцать часовъ утра. Явился Сымха Ошлякъ двадцати пяти летъ отъ роду промышленникъ въ гор. Луковъ жительствующий въ присутствии Ицка Нысендбомъ пятидесяти двухъ летъ и Абрама Вишня шестидесяти летъ школьниковъ въ гор. Луковъ жительствующихъ и предъявили Намъ младенца мужескаго пола объявляя, что таковой родился въ гор. Луковъ четвертаго Ноября сего года отъ законной его жены Маши урожденной Паргаментъ двадцати пяти летъ отъ роду. Младенцу этому при обрезании дано имя Лейбко. Актъ сей оконченъ прочитанъ и Нами подписанъ. Объявляющий и свидетели неграмотные.

Содержащий акты

Гражданскаго Состояния /подпись/

Через два года после Бааль Сулама, родился еще один мальчик – Ройзен. Однако вскоре семью вновь постигло горе. В полугодовалом возрасте ребенок умер.

Свидетельство о смерти Ройзена Ошляка – младшего брата Бааль Сулама

Состоялось въ гор. Луковъ тысяча восемьсотъ восемьдесятъ седьмаго года Декабря перваго дня въ десять часовъ утра. Явились лично Гдаля Факторъ сорока летъ отъ роду, гробельщикъ для погробления умершихъ евреевъ и Янкель Дзенцголъ тридцати летъ отъ роду, лавочникъ, въ гор. Луковъ жительствующие и заявили, что вчерашняго числа в пять часовъ по полудни в гор. Луковъ умеръ Ройзенъ Ошлякъ, шести месяцевъ отъ роду, сынъ Сымхи и Маши супруговъ Ошлякъ. По наочному удостоверению о кончине Ройзена Ошляка; Актъ сей прочитанъ, Нами и объявляющимъ Дзенцголемъ подписанъ. – Объявляющиий же Факторъ неграмотный.

ПОДПИСЬ /Янкель Дзеналъ/

Содержащий акты

Гражданскаго Состояния /подпись/

ЧАСТЬ ВТОРАЯ.
СТАНОВЛЕНИЕ

Глава 6.
Варшава

ЧАСТЬ ВТОРАЯ. СТАНОВЛЕНИЕ

В Лукове семья жила недолго. Уже в 1891 г. семья проживала в Варшаве. Об этом мы узнаем из свидетельства о рождении сестры Бааль Сулама – Ривки - Лаи.

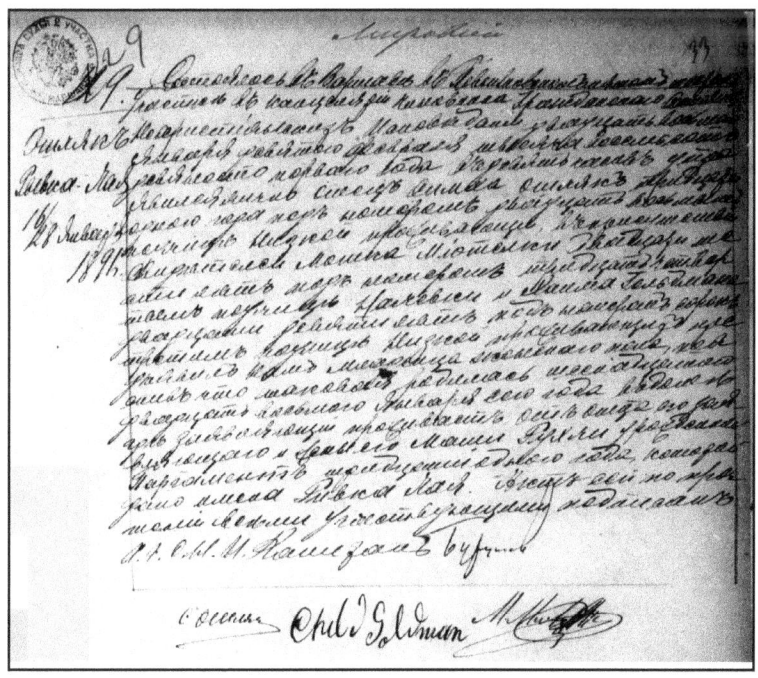

Свидетельство о рождении Ривки-Лаи – сестры Бааль Сулама

Глава 6. Варшава

Ошлякъ
Ривка-Лая
16/28 января
1891 г.

Состоялось въ Варшаве въ Повонзковскомъ пятомъ участке в канцелярии чиновника Гражданского состояния Нехристианских Исповеданий двадцать восьмого января/девятого февраля тысяча восемьсотъ девяносто первого года в девять часовъ утра явился лично отецъ Симха Ошлякъ тридцати одного года подъ номеромъ двадцать восмымъ по улице Низкой проживающий, в присутствии свидетелей Мошка Млотелки двадцати шести летъ подъ номеромъ тридцать четвертымъ по улице Налевки и Хаима Гольдмана двадцати девяти летъ подъ номеромъ сорокъ третьимъ по улице Низкой проживающего предъявилъ намъ младенца женскаго пола, пояснивъ, что таковая родилась шестнадцатого февраля /двадцать восьмого января сего года в доме где заявляющий проживаетъ отъ отца его заявляющего и жены его Маши Рухли урожденной Паргаментъ тридцати одного года, которой дано имя Ривка Лая. Актъ сей по прочтении всеми участвующими подписанъ.

М. г. С. Н. И. Капитан Буру....в

С Ошлякъ/ Chaim Goldman/ М. М....

На основании этого документа с высокой степенью вероятности можно утверждать, что в возрасте шести лет Бааль Сулам проживал в Варшаве на улице Низкая, 28.

Где и когда родился еще один брат Бааль Сулама – Шмуэль Ошляк, достоверных документальных сведений нет. Известно, что он был владельцем типографии в Варшаве. Типография находилась по адресу: ул. Kupiecka, 18.

В бланке, находящемся в «Яд ва-шем», указано, что Шмуэль погиб во время Катастрофы. Родственница (невестка), которая заполнила этот бланк указала, что он родился в 1898 г.

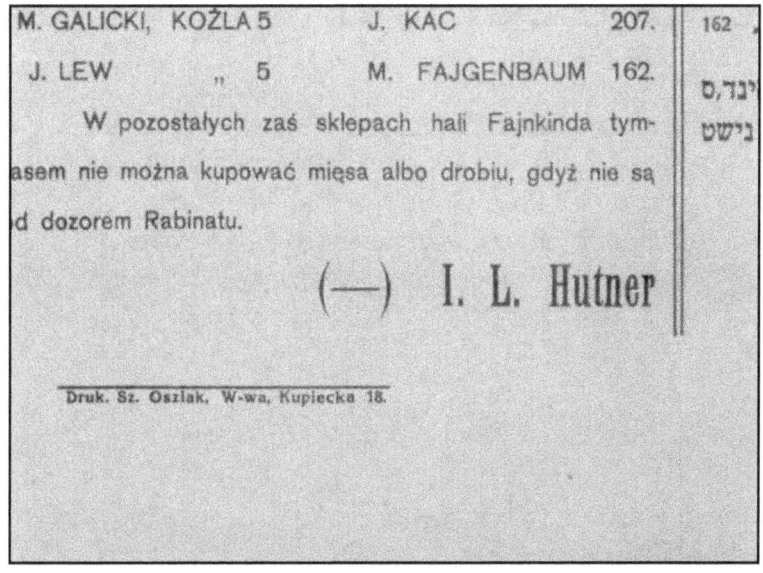

Фрагмент образца продукции типографии Шмуэля Ошляка (Szmuel Oszlak)

Глава 7.
Евреи Варшавы

> *Все, что происходит с нашим народом, происходит на основе действия высших духовных сил. А мы на нашей земле наблюдаем в течение веков в развертке по времени причинно-следственную связь духовных сил.[14]*

---

14 М. Лайтман. Постижение Высших миров. LKP. Израиль 2016. С. 59.

Что представляла собой Варшава той эпохи, и, в частности, тот городской район, где довелось жить семье Бааль Сулама? Поговорим об этом детально.

Варшава получила статус города в XIII веке[15], а столицей Польши она стала в XVI веке.

Согласно Электронной еврейской энциклопедии, первое документальное упоминание о евреях Варшавы относится к 1414 г. В 1765 г. в городе проживало 2519 евреев. После раздела 1815 г. Польша вместе с населяющими ее евреями оказалась в составе России.

Согласно найденных в архивах документах, семья Бааль Сулама в разные годы жила на улицах: Низкая (Niska), Павлинья (Pawia), Гусиная (Gęsia), Милая (Miła). Кроме того, отец Бааль Сулама – Симха, жил на улице Смочья (Smocza) и там же торговал.

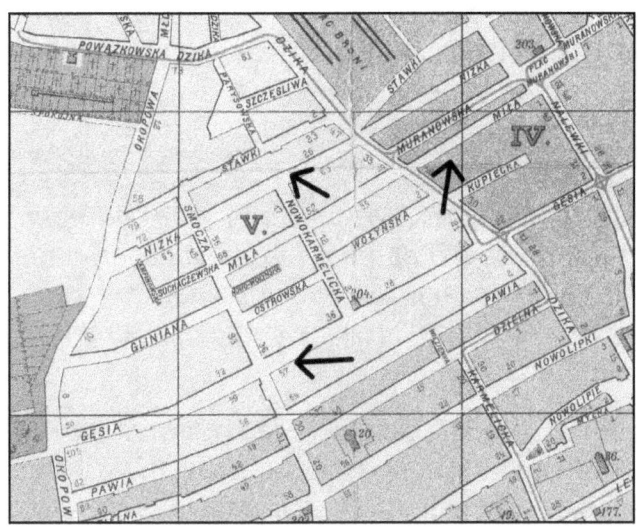

Фрагмент карты Варшавы. Стрелками указаны несколько мест, где жил Бааль Сулам

---

15 Путеводитель по Варшавѣ. Варшава 1892 г. С. 50.

Глава 7. Евреи Варшавы

Ко времени переезда семьи в Варшаву в городе было около 300 улиц, на которых находились более 5200 домов. В тот период население города состояло из 445 770 жителей. Из них 12 550 православных, 266 731 католиков, 92 армяно-грегориан, 16 478 протестантов, 149 711 евреев, 112 – магометян, 84 раскольника.[16]

Из этих статистических данных, взятых из «Путеводителя по Варшаве 1892 г.», мы видим, что евреи составляли около трети от всего населения города. То, какие эмоции они вызывали, по крайней мере у автора «Путеводителя», наглядно иллюстрирует следующий комментарий:

> *В послеобеденное время в Саксонском саду бывает самая разношерстная публика и рой евреев, особенно, конечно в субботу. Чистая же публика перевелась ныне в Уяздовскую аллею и Лазенки, где евреи как-то не успели привиться.*[17]

И еще:

> *Со временем (Красинский) сад потерял свой прежний вид и благодаря своему положению среди жидовского квартала превратился в запущенное садище с жалкими деревьями.*[18]

Поскольку на «Путеводителе» имеется официальное разрешение о допуске к печати: «Дозволено Цензурою/ Варшава, 11 августа 1892 г.», можно предположить, что вышесказанное отражало го-

---
16 Путеводитель по ВаршавѢ. Варшава 1892 г. С. 48.
17 Путеводитель по ВаршавѢ. Варшава 1892 г. С. 129.
18 Путеводитель по ВаршавѢ. Варшава 1892 г. С. 130.

сударственное отношение к евреям Российской империи.

Интересно послушать мнение Бааль Сулама по этому поводу:

> *Сегодня на языках большинства народов нас называют иудеями или израильтянами. Лишь русский народ все еще зовет нас евреями. И следует предположить, что ненавистники Израиля среди них приучили их к этому прозвищу со злым умыслом, дабы лишить нас национального признака.[19]*

В те времена Варшава делилась на 12 полицейских участков. Семья Бааль Сулама проживала в разные годы на улицах, относящихся к четвертому и пятому участкам. Познакомимся с этими улицами поближе.

В свидетельстве о рождении его сестры, которая родилась в 1891 г. указывается, что семья проживала по адресу ул. Низкая, 28.

Эта улица представляла собой конгломерат из промышленных предприятий и густонаселенного жилого района. В частности, там находились: кожевенный завод, предприятие по лакировке кож, сыромятная, литография, мастерская по изготовлению зеркал, производство печных приборов, мастерская изразцов и наконец, табачное производство.

Обилие кожевенных предприятий на этой улице напоминает нам о г. Желехов – центре кожевенного промысла и одновременно малой родине Симхи

---

[19] Бааль Сулам. Газета «Народ» («Ума»). Kitvei Baal Hasulam. ARI. Israel. 2009. P. 492.

Ошляка – отца Бааль Сулама. Показательно, что владельца сыромятной звали Желеховер Янкель.

Теперь уже не вызывает сомнение, что решение Бааль Салама заняться кожевенным производством в Палестине строилось на совершенно конкретных предпосылках. Вполне возможно, что Бааль Суламу в юности приходилось даже работать на вышеупомянутых предприятиях.

Перейдем к улице Гусиная. Здесь в годовалом возрасте умерла его дочь Хана-Лая.

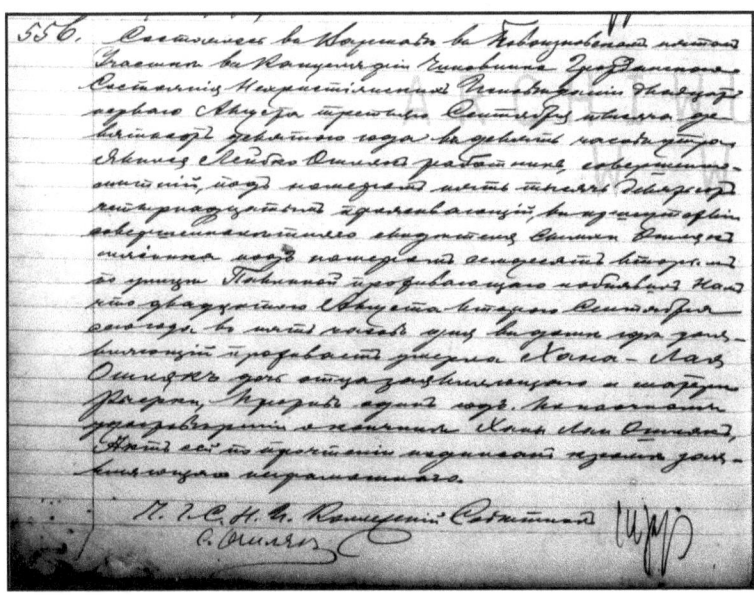

Свидетельство о смерти Ханы-Лаи – дочери Бааль Сулама

ЧАСТЬ ВТОРАЯ. СТАНОВЛЕНИЕ

Состоялось въ Варшаве въ Повонзковскомъ пятого Участка в Канцелярии Чиновника Гражданского Состояния Нехристианскихъ исповеданий двадцать первого Августа/ третьего Сентября тысяча девятьсотъ девятого года в девять часовъ утра Явился Лейбко Ошлякъ работникъ, совершеннолетний, подъ номеромъ пять тысячъ девятьсотъ четырнадцатым проживающий, в присутствии совершеннолетнего свидетеля Сымхи Ошлякъ мясника под номеромъ семьдесятъ вторымъ по улице Павлинной проживающего и объявилъ намъ что двадцатого Августа второго Сентября сего года въ пять часовъ дня в доме где заявляющий проживаетъ умерла Хана-Лая Ошлякъ дочь отца заявившего и матери Рыфки, Проживъ одинъ годъ. По наочному удостоверению о кончине Ханы Лаи Ошлякъ,

Актъ сей по прочтении подписанъ кроме заявляющего неграмотного

М. г. С. Н. И. Коллежский Советникъ /подпись/

С. Ошлякъ

Странно, не правда ли? Вместо адреса Бааль Сулама указано число 5914. Что это значит? Признаюсь, эту загадку удалось решить далеко не сразу. В результате поисков выяснилось, что это так называемый ипотечный номер.

Иногда чиновники вместо адреса указывали этот номер, который был привязан к совершенно конкретному адресу. Чтобы узнать этот адрес нужен специальный справочник. Когда этот справочник был найден, а в последствии и разных изданий, оказалось, что число 5914 обозначает ул. Гусиную 57 (Ulica Gęsia 57).

На сегодняшний день улицы под таким названием не существует. На этом месте проходит ул. Мордехая Анелевича – руководителя Варшавского восстания.

Вообще, всех тех домов в Варшаве, где проживала в разное время семья Бааль Сулама, больше нет. Во всем этом районе во время фашистской оккупации находилось печально знаменитое Варшавское гетто, которое было полностью разрушено после подавления восстания.

ЧАСТЬ ВТОРАЯ. СТАНОВЛЕНИЕ

Улица Гусиная после войны

Возвращаясь к теме жизни и смерти, вспомним про первый фактор, о котором было рассказано подробно выше. Не буду говорить сейчас об антисемитизме, просто констатирую факт, что не только отдельные евреи, но и народ в целом всегда выделялся среди всех остальных народов.

Никакие внешние усилия ассимиляторов, как и попытки самих евреев ассимилироваться, не помогли. Иными словами, несмотря на все изменения формы, суть или основу, о которой говорилось ранее, изменить невозможно. Это верно для всех народов, в том числе и евреев.

Еврей, который крестится и меняет имя, продолжает оставаться евреем.[20]

---
20 А. Эйнштейн. О сионизме. Библиотека Алия. Иерусалим 1991. С. 61.

Глава 8.

Второй фактор

Природа нас сотворила, и мы вынуждены существовать с теми свойствами, которые в нас есть, как полуразумные существа: разумные в том только, что можем осознать, что действуем в силу тех черт характера и свойств, с которыми мы созданы, но идти против этого не можем.[21]

---

21 М. Лайтман. Постижение Высших миров. LKP. Израиль 2016. С. 10.

Второй фактор – программа свойств основы. Эта программа не изменяется. В качестве примера, Бааль Сулам берет процесс гниения зерна пшеницы в земле. Он объясняет, что если основа – это пшеница, значит никакие обстоятельства этот факт изменить не могут. То есть форма, количество и качество может измениться, а суть – нет. Таким образом мы видим: существует неизменяемая программа, которая управляет развитием основы и доводит эту основу до конечной ее формы. В нашем примере это пшеница.

Эти законы работают во всех четырех видах творения: неживой, растительный, животный и говорящий.

> *Более того, даже любая частная форма личного поведения, на которое опирается творение каждое мгновение своего существования в этом мире, определяется предшествующими факторами, вынуждающими поведение изменяться именно так, и никак иначе.*[22]

Человек, точно так же, как зерно пшеницы или любое другое творение, находится под постоянным давлением окружающей среды. Несмотря на это неизменяемая программа, которая им управляет, передает ему заложенные в основе наклонности. Как и что произойдет с этими наклонностями, это уже другой вопрос.

---

22 Бааль Сулам. Свобода воли. Kitvei Baal Hasulam. ARI. Israel. 2009. P. 415.

Глава 8. Второй фактор

> *Он (человек) никогда не сможет приобрести облик другого человека, подобно тому, как ячмень никогда не будет похож на пшеницу. Ведь любая основа представляет собой длинную цепочку в несколько сот поколений и содержит в себе знания всех этих поколений.*
>
> *Просто они не проявляются в ней в той форме, в которой существовали у предков, т. е. в форме знаний, а присутствуют в виде, свободном от формы. И поэтому они находятся в ней только в виде простых сил, называемых склонностями и инстинктами, без осознания того, почему все происходит именно так.*
>
> *Вследствие этого никогда не будут созданы два человека с одинаковыми свойствами.*[23]

И все-таки, хочется задать вопрос. А зачем нужны вообще эти переходы? Почему тела приходят и уходят, а их основа остается прежней? Бааль Сулам так отвечает на этот вопрос:

> *Но несмотря на то, что достаточно одной формы, тело по природе своей устает все время находиться в ней, и поэтому существуют потеря формы и облачение в форму, следующие одно за другим, **чтобы каждый раз, придавая телу новую форму, увеличивать желание.***[24]

---

23 Бааль Сулам. Свобода воли. Kitvei Baal Hasulam. ARI. Israel. 2009. P. 421.
24 Бааль Сулам. Чудесное свойство запоминания. Kitvei Baal Hasulam. ARI. Israel. 2009. P. 68.

Глава 9.

Варшава. Продолжение

Земная жизнь на этом этапе является процессом накопления опыта в нашей душе через посылаемые человеку различного вида страдания.[25]

---

[25] М. Лайтман. Постижение Высших миров. LKP. Израиль 2016. С. 151.

В свидетельствах о рождении и смерти, найденных в польских архивах, кроме имен и дат, находится много дополнительной информации, которая может рассказать нам не только о людях окружавших Бааль Сулама, но и расширить наше понимание о том мире, в котором протекала его жизнь.

О том, где проживал и чем занимался Бааль Сулам в 1909 г. в возрасте 24 лет, мы узнаем из свидетельства о смерти его дочери, которое приведено выше.

Напомним, что тогда он проживал по адресу Гусиная, 57 (Gesia, 57). Эта улица во многом похожа на ул. Низкую. Она тоже была заполнена разнообразными далеко не экологическими предприятиями: фабрика гвоздей и проволоки, мастерская замков, мыловаренный завод, камнетесное заведение и два кожевенных завода.

Улица Гусиная оставила особый след в истории Варшавского гетто.

На этой улице, нацисты построили концентрационный лагерь, известный под названием «Генсювка». Поляки назвали его Gęsiówka, уменьшительное, экстраполированное от названия улицы Gęsia (Гусиная улица). После освобождения города здесь держали пленных немцев, а после войны коммунисты бросали туда инакомыслящих.

Лагерь был ликвидирован только в 1956 г., а последнее здание снесено в 1960-х годах.

Вернемся к документу, в котором был обнаружен адрес Бааль Сулама. Кажется, что ничего конкретного, добавляющего новые детали к описанию личности Бааль Сулама, кроме адреса, там нет. Однако это не совсем так.

Документ датирован 1909 г. Известно, что в это время Бааль Сулам уже получил смиху (документ о получении полномочий раввина) и работал в должности судьи (ивр. מוֹרֶה צֶדֶק; море-цедек) в Варшаве. По данным разных источников эта должность, кроме всего прочего, требовала сдачи экзамена на знание русского языка. Однако в документе указано, что заявитель Лейбко Ошляк – работник и к тому же неграмотный. Что это, случайность? Халатность? Или что-то другое?

Интересно, что в отличие от Бааль Сулама, его отец Симха Ошляк в этом документе проходит как грамотный и поэтому ставит свою подпись.

ЧАСТЬ ВТОРАЯ. СТАНОВЛЕНИЕ

Порядок избранія, утвержденія и увольненія отъ должности раввина, подраввина и другихъ служащихъ при синагогѣ, а равно разрѣшеніе имъ отпусковъ.

I. О раввинахъ и ихъ обязанностяхъ.

Каждое еврейское общество, по учрежденнымъ Округамъ, должно имѣть раввина, съ необходимымъ для того дипломомъ (Распор. д. Прав. Ком. Дух. Дѣлъ и Нар. Просвѣщ. 29 Дек. 1823 г. № 16150 Стр. 167).

Лицо, избираемое еврейскою общиною въ раввины или подраввины, при одобрительной аттестаціи со стороны властей и полиціи о поведеніи, кромѣ духовныхъ познаній по закону Моисея, прежде представленія къ опредѣленію въ должность, должно подвергаться испытанію въ знаніи русскаго языка соотвѣтственно курсу двухклассныхъ начальныхъ училищъ (Высоч. утв. 15 Февр. 1885 г. Полож. Ком. Мин.).

Испытанія эти производятся въ особыхъ Губернскихъ Экзаменаціонныхъ Коммисіяхъ, въ Присутственномъ залѣ Губернскаго Правленія, въ опредѣленное время.

Из Сборника узаконений и распоряжений правительства в губ. Царства Польского

Ст. 7.

Испытанія должны быть письменныя и устныя. Письменныя состоятъ въ письмѣ подъ диктовку и въ составленіи сочиненія; устныя-въ чтеніи и разсказѣ прочитаннаго, въ отвѣтахъ на грамматическіе вопросы и въ умѣніи владѣть живою русскою рѣчью.

Ст. 8.

Письменныя работы испытуемаго должны непремѣнно происходить въ присутствіи одного или двухъ членовъ экзаменаціонной коммисіи.

Ст. 9.

Письменныя испытанія предшествуютъ устнымъ. Къ устнымъ испытаніямъ допускается испытуемый только въ случаѣ удовлетворительности письменныхъ работъ его.

Из Сборника узаконений и распоряжений правительства в губ. Царства Польского[26]

---

26 Там же. С. 25.

Глава 10.

Третий фактор

> *Желающие духовно возвыситься обязаны строго проверять, в какой среде, среди каких людей они находятся.*[27]

---

[27] М. Лайтман. Постижение Высших миров. LKP. Израиль 2016. С. 166.

Вспомним, что:

Третий фактор – программа свойств этой основы, которая изменяется под воздействием внешних сил.

Это значит, что зерно, брошенное в землю, под влиянием внешних условий, таких, как химический состав почвы, влажность, температура меняется, как количественно, так и качественно. Вместе с тем не забудем, что поскольку основа не изменяется никогда, из пшеничного зерна в итоге появится пшеница, хотя и в измененном виде.

У человека те наклонности, которые он унаследовал от предыдущих поколений под воздействием внешних факторов, становятся его натурой. С другой стороны, если для окружающей человека среды его врожденная наклонность является нежелательной, она, эта наклонность может так и остаться в скрытом состоянии. Таким образом, мы видим, что человек становится таким, как он есть благодаря влиянию внешней, влияющей на него среды.

Глава 10. Третий фактор

Например, я сижу, одеваюсь, говорю, ем – все это не потому, что я хочу так сидеть, или так одеваться, говорить, или так есть, а потому что другие хотят, чтобы я сидел или одевался, или говорил, или ел таким образом. Все это происходит в соответствии с желаниями и вкусами общества, а не моего свободного желания. Более того, все это я делаю, подчиняясь большинству, вопреки моему желанию. Ведь мне удобнее вести себя просто, ничем не обременяя себя, но все мои движения скованы железными цепями вкусов и манер других, то есть обществом.[28]

Человек не решает, где и когда ему родиться. От него не зависит в какой семье он воспитывается и под чьим влиянием он при этом находится. Вместе с тем в его жизни наступает момент, когда он в отличие от всех других элементов природы: неживой, растительной и животной получает возможность изменить себя, выбрав нужное для этого окружение.

---

28 Бааль Сулам. Свобода воли. Kitvei Baal Hasulam. ARI. Israel. 2009. P. 414–415.

Глава 11.

Точка в сердце

> Должно показаться странным, что у людей, которых весь мир называет евреями, возникает вопрос, кто же они такие. И сам вопрос, не говоря уже о многочисленных ответах, подозрительно неясен и тем, кто должен называться евреем, и тем, кто их так называет.[29]

---

[29] М. Лайтман. Постижение Высших миров. LKP. Израиль 2016. С. 167.

ЧАСТЬ ВТОРАЯ. СТАНОВЛЕНИЕ

Должен сказать, что в отличие от других исследователей, я не выдаю за факт то, что не подтверждено документальными источниками. Это касается любого рода сведений. Относительно того, где и чему обучался Бааль Сулам, у меня нет конкретных документов, поэтому поговорим на тему образования еврейской молодежи без привязки к какому-либо конкретному учебному заведению.

Вначале немного о том, какое образование в принципе могли получить еврейские дети в Российской империи. Начнем с образования, которое регламентировалось процентными нормами.[30]

> Министерством Народнаго Просвѣщенія, согласно Высочайше утвержденному въ 5 день Декабря 1836 г., положенію Комитета Министровъ установленъ процентъ учащихся іудейской вѣры, а именно: въ чертѣ осѣдлости евреевъ 10%, въ остальныхъ мѣстахъ 5% и въ столицахъ 3%.

Однако были исключения из этого правила. Как в положительном смысле:

> Для пріема евреевъ въ зубоврачебныя, фельдшерскія школы и къ дантистамъ никакихъ ограниченій не установлено.
> (Ук. 1 Деп. 21 Декабря 1895 г. № 12802, д. Бергеръ).

Так и наоборот, в отрицательном:

> Въ Императорскія С.-Петербургское и Московское театральныя училища евреи не принимаются.
> (Собр. Узак. 1888 г. № 98 ст. 926).
>
> Въ Домбровское горное училище евреи не принимаются.
> (Собр. Узак. 1889 г. № 31 ст. 265).
>
> Лица іудейской вѣры не допускаются въ Военно-Медицинскую Академію и Институтъ инженеровъ путей сообщенія.
> (Дѣло Деп. Нар. Просв. 1889 г. № 85).

---

30 СБОРНИКЪ ЗАКОНОВЪ о ЕВРЕЯХЪ. С.- ПЕТЕРБУРГЪ. Изданіе Юридическаго Книжнаго Магазина. Н. К. Мартынова. 1904. С. 232–233.

Свободно евреи могли обучаться в Еврейских начальных училищах. Срок полного курса без учета курса приготовительного класса составлял 6 лет.

Эти училища находились в рамках государственных программ, и в них как обязательный предмет и к тому же в большом объеме изучался русский язык.

В программу еврейских предметов входили: древнееврейский язык, еврейский закон веры, библейская история, объяснение важнейших молитв.

Среди общеобразовательных предметов кроме русского языка, в программе были: арифметика, история (преимущественно России), география.

В школах полагались библиотека, необходимые учебные пособия, аспидные доски, тетради и т. п.

Учителей для этих училищ готовили в еврейских учительских институтах. Срок учебы составлял 4 года. В курс входили следующие предметы: русский язык и славянское чтение, арифметика и начальная алгебра, история русская и всеобщая, география русская и всеобщая, естественная история и физика, черчение и рисование, чистописание, пение и гимнастика. Все еврейские предметы преподавались на русском языке.

Вместе с этим существовали учебные заведения вне государственных программ: талмуд-тора, хедер, йешива (иешибот/ы).

Йешивы, в тогдашней русской орфографии – иешиботы, выпускали раввинов и учителей закона еврейской веры. Туда поступали юноши после окончания учебы в хедерах и талмуд-торах. Иешибот, по сути, давал высшее еврейское образование.

Большей частью иешиботы находились под покровительством прихожан бет а-мидраша или синагоги, где обучались иешиботники. Жили они там же, где учились, а обедали у прихожан, поочередно, каждый день у другого.

Финансирование базировалось на сборах с посетителей синагоги и внешних пожертвованиях. Правительство пыталось контролировать учебный процесс в иешиботах:

> *Рош-иешива (глава ешивы) обязан пред началом учебного года составить программу предметов, которые намерен пройти в каждом классе своего заведения, с показанием, кто именно будет преподавать оные.*[31]

Однако на практике это не работало. Программы не составлялись, а классов не существовало вовсе. Предметом обучения был почти исключительно Вавилонский Талмуд.

В 1851 г. правительство потребовало преподавать русский язык. Но это тоже не сработало. Вместе с тем иешиботники сами, по собственной инициативе начали читать «запретные» книги. Тайком начали изучать светские науки и иностранные языки.

Только в 1887 г. в Петербурге на специальном заседании, на котором собрались 12 раввинов, было принято решение разрешить преподавание русского языка, но только в объеме курса первого класса. Учеба должна была проходить в отдельном здании под присмотром рош-иешивы, чтобы не произошло проникновение «еретических произведений».

Начиная с 90-х годов XIX века участились конфликты иешиботников с администрацией из-за скудного содержания и запрета изучать светские

---

31 Еврейская энциклопедия. Брокгауз-Ефрон. С.-Петербург. т. 8. С. 736.

науки. В начале XX века начали появляться «реформированные иешиботы». Однако это произошло уже после того, как Бааль Сулам закончил свое обучение. Например, классик еврейской литературы Хаим Бялик[32] писал, что поступил в знаменитую Воложинскую йешиву в Литве, которую в свое время закончил рав Кук, поскольку думал, что там изучают светские науки.

Можно предположить, что Бааль Сулам учился приблизительно в тех условиях, которые мы описали.

Скорее всего он принадлежал к той группе учеников, которые интенсивно изучали светские науки, поскольку в своих произведениях он очень часто и совершенно естественно использует сведения из таких наук как: история, психология, политология, экономика, физика, география, механика, медицина, биология, геодезия, лингвистика... Кроме того, в его текстах можно видеть английские и латинские термины: «мотив пауэр» (англ. motive power), виз-а-фронт, виз-а-терго[33], а на полях его рукописных работ мы находим много заметок на нескольких языках, включая русский.

О том, какие книги были ему доступны и какие он читал в детстве, он говорит совершенно открыто.

---

[32] Хаим-Нахман Бялик. Автобиографически заметки.: [Электронный ресурс]. – 2022. URL: https://s.berkovich-zametki.com/y2022/nomer2/lkogan/ (Дата обращения: 16.07.2024).

[33] Виз-а-фронт (лат.): сила, которая тянет к чему-либо спереди. Виз-а-терго (лат.): сила, которая толкает к чему-либо сзади. Бааль Сулам. Мир. Kitvei Baal Hasulam. ARI. Israel. 2009. P. 408.

В детстве я не хотел читать романы чтобы не заниматься вымыслами, и читал только книги по истории. Однако повзрослев, я понял в чем польза романов: они развивают воображение.[34]

О том, где и у кого Бааль Сулам учился каббале, мы знаем из его писем, а также из писем его сына Рабаша. Об этом будет рассказано подробно, а пока прервемся и вернемся к теме, которую мы не закончили. Речь пойдет о так называемом четвертом факторе.

---

34 Бааль Сулам. Последнее поколение. Kitvei Baal Hasulam. ARI. Israel. 2009. P. 848.

Глава 12.

Четвертый фактор

Тот, кто действительно желает преуспеть в своем ремесле, должен стремиться попасть в среду специалистов, относящихся к своей работе, как к искусству.[35]

---

[35] М. Лайтман. Постижение Высших миров. LKP. Израиль 2016. С. 166.

Четвертый фактор – программа внешних сил.

Внешние факторы, воздействующие на основу косвенным образом, имеют свою собственную программу развития, а значит и воздействия на основу. Если говорить о человеке, то речь может идти о материальном положении или о той положительной или отрицательной атмосфере, которая этого человека окружает.

Вывод из этого исследования четырех факторов следующий. Наше сознание и любая наша мысль всего лишь производная этих факторов. Таким образом, мы точно роботы, полностью лишены свободы выбора, поскольку от нас ничего не зависит.

Однако не будем спешить с выводами. Дело в том, что все-таки одна возможность принимать свободные решения у нас осталась. Вспомним про третий фактор, то есть про внешнее окружение, которое воздействуя на нас, способствует развитию или регрессии тех или иных качеств, которые находятся у нас в зачаточном состоянии.

Для того, чтобы измениться в нужную нам сторону, воспитать те или иные качества, которые в нас заложены от рождения, нам нужно выбрать способствующую развитию этих качеств среду. Это полностью соответствует тому, как мы выбираем подходящую почву для того или иного растения, а также следим за поливом, температурой, влажностью и добавляем необходимые вещества.

Внешняя среда для человека – это не только люди. Это также книги, фильмы, СМИ и т. п. Мы все время находимся под влиянием окружающей среды. Осознанно или не осознанно, она влияет на нас и изменяет.

> *Например, если отобразить уровень знаний какого-либо человека: верующего или неверующего, ультрарелигиозного или не ультрарелигиозного, или между ними – то поймем, что это состояние возникло в человеке и было определено теми же четырьмя факторами.[36]*

После всего вышесказанного напрашивается совершенно однозначный вывод. Наш свободный выбор состоит лишь в одном – выбор подходящей для нас среды.

---

36 Бааль Сулам. Свобода воли. Kitvei Baal Hasulam. ARI. Israel. 2009. P. 416.

ЧАСТЬ ТРЕТЬЯ.
КАК И ГДЕ УЧАТ КАББАЛУ

Глава 13.
Учителя

Намного труднее, чем непосредственно от учителя, получить мысли и свойства из книг автора-каббалиста, что называется «ми сфарим».[37]

---

37 М. Лайтман. Постижение Высших миров. LKP. Израиль 2016. С. 199.

Известно, что Бааль Сулам изучал каббалу у нескольких предводителей хасидов, которые в свою очередь получили эти знания у своих учителей. Хасидизм – это особое явление в истории еврейского народа. Оно объединяло и одновременно приводило в движение центробежные силы раскола в большей части европейского еврейства. В любом случае именно хасидизм был той средой, той почвой, из которой вырос великий каббалист Бааль Сулам.

> **ХАСИДИ́ЗМ** (חסידות, хасидут), широко распространенное народное религиозное движение, возникшее в восточноевропейском иудаизме во второй четверти 18 в. и существующее поныне. Хасидизм дал начало общинам, во главе которых стоят цаддики.[38]

Изначально идеологическая составляющая хасидизма основывалась на каббалистическом учении Ари.[39] Бааль Шем Тов (Бешт[40]), отец-основатель хасидизма, хотел объединить народ с помощью каббалистической методики, а кроме того, он отбирал и готовил будущих наставников каббалы. Разрозненное еврейское население восточно-европейских местечек получило мощную моральную поддержку, а на место духовных лидеров народа встали каббалисты.

---

38 Хасидизм.: [Электронный ресурс]. – 2022. URL: http://www.eleven.co.il/article/14462 (Дата обращения: 16.07.2024).
39 Ари – рабби Ицхак Лурия Ашкенази (1534–1572). Один из величайших каббалистов в истории человечества. Создал основополагающую систему обучения каббале. Пользуясь его методикой, каждый человек, изучающий эту науку, может достичь цели творения. Основной труд – книга «Древо Жизни».
40 Исраэль бен Элиэзер, Бааль Шем Тов (Бешт), (около 1700–1760). Основоположник и вдохновитель хасидизма в Восточной Европе.

Глава 13. Учителя

Сын Бааль Сулама, каббалист рав Барух Ашлаг (Рабаш) рассказывал, что вплоть до начала 20-го века все духовные руководители восточноевропейского еврейства были каббалистами. Можно с уверенностью сказать, что впервые после изгнания народ Израиля – по крайней мере, та его часть, которая проживала в Восточной Европе, – консолидировалась благодаря усилиям каббалистов.

Однако все было не так просто. У хасидизма были ярые противники, которые буквально воевали с хасидами. Они назывались: митнагдим.

> **МИТНАГДИМ** (מִתְנַגְּדִים, в ашкеназском произношении миснагдим, буквально `оппоненты; ед. число митнагед), название, которое дали приверженцы хасидизма его противникам из среды раввинов и руководителей еврейских общин.[41]

Начнем с хронологии конфликта. Вспомним, когда этот конфликт начался и как он протекал.

Очевидно, первый официальный «наезд» на отца-основателя хасидизма Бешта состоялся в 1757 г., когда раввинский суд г. Шклова наложил на него херем[42], который, впрочем, вскоре был опротестован судом Меджибожа. На репутацию Бешта это событие никак не повлияло. Доказательством этого служит его участие в качестве духовного авторитета в диспуте с последователями Якова Франка.[43]

---

41 Митнагдим.: [Электронный ресурс]. – 2022. URL: https://eleven.co.il/judaism-trends/mitnagdim-and-mussar/12787/(Дата обращения: 16.07.2024).
42 Отлучение, проклятие (иврит).
43 Франк Яаков – Яаков бен Йегуда Лейб /Лейбович/ (1726–1791) вождь религиозной секты.

Это произошло в 1759 году в кафедральном соборе г. Лемберга (Львова).

○○○

Чтобы хоть как-то ощутить ту общественно-историческую атмосферу, в которой проходили еврейские междоусобицы, приведем краткую историческую справку об отношении властей к своим поданным-евреям.

Историческая справка.

> 26 апреля 1725 г. Императрица Екатерина I повелела выслать всех евреев за границу «и впредь их ни под какими образы в Россию не впускать и того предостерегать во всех местах накрепко»[44]
>
> Поскольку этот указ выполнялся частично, 2 декабря 1742 г вновь было подтверждено: «всех жидов, какого бы звания и достоинства не был, выслать со всем их имением заграницу и не впускать их на будущее время в Россию, ни под каким видом, кроме желающих Православную веру».[45]

---

[44] Законодательство о евреяхъ (1649–1876) томъ 2. Вильна 1886. С. 206.
[45] Законодательство о евреяхъ (1649–1876) томъ 2. Вильна 1886. С. 208.

Глава 13. Учителя

Резолюция русской Императрицы Анны Иоанновны, на докладе Сената 3 июля 1758 года гласила: «Капитан-лейтенант флота Возницын, за отпадение от христианской веры, и жид Борох за его совращение были осуждены на сожжение – «чтобы другие смотря на то невежды и Богопротивники, от христианского закона отступать не могли».[46]

○○○

Настоящие проблемы у хасидов начались через 12 лет после смерти Бешта. В 1772 г. от имени Агра[47] во всех синагогах Вильно при звуках труб и зажженных свечах хасидов предали херему, а их молитвенные дома были закрыты. Тогда же община Вильно разослала письма в другие общины Литвы и Белоруссии с призывом бороться с новым опасным движением. Стоит отметить, что речь шла о десятках, если не сотнях тысяч людей. По данным энциклопедии Брокгауза и Ефрона к концу жизни у Бааль Шем Това было около 40 тысяч последователей!

В упомянутом 1772 г. произошло еще несколько судьбоносных событий. В начале года произошел первый раздел территории Речи Посполитой (федерации Королевства Польского и Великого княжества Литовского) между Прусским королевством, Российской империей и Австрийской монархией.

---

46 Законодательство о евреяхъ (1649–1876) томъ 2. Вильна 1886. С. 205.
47 Агра (Виленский гаон) – рав Элияху бен Шломо Залман (1720–1797) – каббалист, выдающийся духовный авторитет.

Соглашение о разделе было подписано 6 февраля в Санкт-Петербурге.

В конце того же 1772 г., 19 кислева (15 декабря) умер Великий Магид (рабби Дов-Бер бар Авраам). Магид из Межирича – ближайший ученик Бааль Шем Това, возглавивший хасидское движение после его смерти.

Некоторые источники говорят, что именно разрыв связи между его учениками, который произошел вследствие установления новых государственных границ, оказал пагубное воздействие на состояние здоровья Магида. В дальнейшем ученики Магида, около 300 человек, разошлись по обширным пространствам Восточной Европы и создали самостоятельные хасидские центры – дворы.

Что ожидало хасидов после потери общепринятого лидера и после того, когда они в одночасье стали гражданами разных стран? Очевидно, в лучшем случае – потеря достигнутого между ними огромными усилиями единства, а в худшем – полное забвение самих идей Бешта. Так бы все и было, если бы, как ни парадоксально это звучит, не те гонения и преследования, которые обрушились на хасидов. Факты – вещь упрямая.

> *Однако все эти меры (херем) привели лишь к распространению хасидизма и* ***тесной сплоченности*** *хасидов. Молодежь покидала родительские очаги, и полуголодные юноши приходили к приверженцам хасидизма.*[48]

---

48 Еврейская энциклопедия. Брокгауз-Ефрон. С.-Петербург. т. 15. С. 570.

Глава 13. Учителя

Очевидно, уже можно подводить итоги этого краткого исследования. Жесткие санкции, которым подверглись хасиды, в конечном итоге, привели не к разрушению начинаний Бааль Шем Това, а наоборот, к укреплению и расцвету всего движения. Как кожура защищает плод от разрушения, так постановления Агра защитили новое начинание от забвения.

> *Жесткая кожура покрывает плод и предохраняет его от грязи и вреда, пока он не созреет, а без кожуры плод бы пропал и не достиг своей цели.*[49]

---

[49] Бааль Сулам. Предисловие к книге «Паним мэирот у-масбирот». Kitvei Baal Hasulam. ARI. Israel. 2009. P. 148.

Глава 14.

Кто и почему начинает учить каббалу

> У каждого человека есть точка в сердце, но обычно она не подает признаков жизни, не светит, и потому человек ее не ощущает. В таком случае она называется черной точкой. Эта точка есть часть, зародыш души человека (нэфеш дэ кдуша).[50]

---

[50] М. Лайтман. Постижение Высших миров. LKP. Израиль 2016. С. 121.

Как мы помним, существуют четыре фактора, в результате взаимодействия которых появляется и существует любое создание. Для того, чтобы реализовать в этих условиях нашу свободу воли, нам нужно выбрать соответствующую нашим устремлениям среду. Иными словами, чтобы стать профессионалом в чем-либо, нам необходимо соответствующее общество, где воспитывают и ценят таких профессионалов. Однако прежде всего, выбранное нами добровольно поле деятельности должно находить отклик, что называется, в нашем сердце.

Интересно узнать в какой момент и что способствует появлению в человеке стремления к постижению того, что выходит за рамки обычной жизни.

Каббалисты говорят, что человек устремляется к постижению свойств Высшего мира и к подобию Творцу только тогда, когда в нем пробуждается «точка в сердце».

Точка – это нестандартные, касающиеся смысла жизни вопросы. Сердце – это те желания, устремления, которыми обычно живет человек.

Между прочим, желание понять кто ты, зачем ты, для чего ты, может возникнуть у кого угодно и когда угодно. От такого состояния не застрахован никто, особенно в наше время.

Глава 14. Кто и почему начинает учить каббалу

Если только обратим внимание на всем известный вопрос, уверен я, что все остальные вопросы и сомнения исчезнут с горизонта, и, посмотришь по сторонам, а их и нет. Речь идет о гнетущем вопросе, задаваемом каждым родившимся на земле: «В чем смысл нашей жизни?»[51].

Эта точка есть у каждого человека. Вместе с тем ее пробуждение происходит по определенной, независящей от нас программе. Эта точка является первым нашим контактом с Высшим миром. Этот контакт в конечном итоге должен преобразоваться в прочную постоянную связь.

Стремление обрести такую связь и подтолкнуло в свое время Бааль Сулама к поиску того, кто бы ему в этом помог.

Чтобы не оставлять нас в этом крохотном мире больными, голодными, обездоленными и смертными, нам дана точка в сердце.[52]

---

51 Бааль Сулам. Предисловие к «Учению Десяти Сфирот». Kitvei Baal Hasulam. ARI. Israel. 2009. Р. 769.
52 М. Лайтман. Точка в сердце. Издательская группа kabbalah.info. Израиль. 2010. С. 24.

Глава 15.
Учителя Бааль Сулама

Нет у человека другого пути, как только связать себя с учителем, углубиться в книги по каббале, включиться в группу, стремящуюся к той же цели, предоставив себя влиянию мыслей об альтруизме духовных сил, от чего и в нем проснется альтруистическое зерно, заложенное в каждом из нас Творцом.[53]

---

53 М. Лайтман. Постижение Высших миров. LKP. Израиль 2016. С. 283.

Поговорим о том периоде, когда Бааль Сулам учился у рабби из Пурсова, так называли говорящие на идиш евреи городок Парисов (Parysow). Бааль Сулам и его сын Рабаш неоднократно упоминают о рабби в своих письмах.

О городе Парисов говорится в официальном документе. В нем указывается, что жена Бааль Сулама Ройза-Ривка, в девичестве Абрамович, родилась в 1888 г. в этом городе. Кроме того, здесь мы можем видеть место и год рождения Бааль Сулама.

Фрагмент из заявления Бааль Сулама на получение палестинского гражданства
(Application for Palestinian Citizenship)

Однако еще до рабби из Пурсова, Бааль Сулам начал свои занятия у его отца р. Мэира Шалома из Калушина – внука «Святого еврея из Пшисхи».

Калушин (Kałuszyn) расположен в 60 км от Варшавы и в 35 км от Парисова. В Калушине в 1897 г. было 8428 жителей, из них 6419 евреев, что составляло 76.2%.

Калушин, как и многие другие еврейские местечки, также не миновали внутренние раздоры.

Глава 15. Учителя Бааль Сулама

В первых десятилетиях XIX века в городке проживали хасиды разных течений: Гура, Коцка, Козинеца, Стрикова. Один из самых больших конфликтов разгорелся в городе 21 августа 1842 г., когда хасиды взбунтовались против местного раввина. Докладная о происшествии дошла даже до государственной комиссии внутренних дел Варшавы. Кроме прочего, там говорилось, что волнения проходили как снаружи, так и внутри синагоги, а причиной бунта было то, что раввин не принадлежал лагерю хасидов.

К началу XX века в Калушине уже проживали хасиды: Гура, Коцка, Стрикова, Островца, Козинеца, Парисова, Радзимина, Скернивица, и другие. И это еще не все. Там были также представители митнагдим!

Поговорим о глубинных причинах этих и других конфликтов.

Эгоизм в человеке никогда не стоит на месте – он постоянно развивается и меняется. Когда эгоизм достигает определенного уровня, он начинает чувствовать, что окружающие ему мешают. Внешний вид, привычки, запах и другие критерии, которые не соответствуют его внутренней модели, вызывают реакцию отторжения. Такая реакция между разными видами эгоизма называется «ненависть». Свойство эгоизма, противоположное ненависти, называется «любовь».

Ненависть очень различается, как качественно, так и количественно. В соответствии с этим – и ответные реакции. Диапазон ответных реакций очень широк: от мелких житейских упреков и до взаимного истребления. Ненависть, находящаяся исключительно в плоскости материального мира, приводит лишь к разрушению.

Взаимная ненависть оставила заметный след в еврейской истории. Один из самых известных примеров – гибель 24 тысяч учеников рабби Акивы, знаменитого учителя и законодателя, который жил в I–II вв. нашей эры.

Согласно историческим источникам, причиной их смерти стала беспричинная ненависть. Ненависть считается беспричинной, когда для нее нет никакого оправдания. Такой вид ненависти характерен именно для еврейского народа.

Возвращаясь к событиям, связанных со смертью учеников рабби Акивы, нужно отметить, что тогда пять человек все-таки выжило. Один из них – рабби Шимон бар Йохай и его ученики создали самую известную каббалистическую книгу – Зоар. Это произошло в период после разрушения Второго храма и началом изгнания еврейского народа. Известно, что тогда уровень центробежных сил, разрывающих народ Израиля, достиг своей кульминации.

В Зоар особо подчеркивается, что каждый день перед началом работы над книгой десять членов группы рабби Шимона должны были преодолевать взаимную ненависть. Благодаря этой очень непростой работе книга приобрела необычайную силу.

Глава 16.
Рабби из Пурсов

> Этот процесс может длиться месяцы, годы, если проходит под руководством учителя-каббалиста, или несколько жизней (гильгулим), если человек проходит его самостоятельно, путем страданий. Только правильные усилия в нужном направлении создают сосуд души, внутри которого раскрывается человеку его Творец.[54]

---

[54] М. Лайтман. Постижение Высших миров. LKP. Израиль 2016. С. 108–109.

Когда в 1903 г. первый учитель Бааль Сулама рабби Меир Шалом Рабинович из Калушина умер, его место занял сын р. Йешуа Ашер Рабинович. В 1904 г. он оставил Калушин и переехал в г. Парисов, куда в дальнейшем и стал ездить Бааль Сулам.

Парисов (Parysow) находится в 60 км к юго-востоку от Варшавы. Городок был основан в XVI веке. Евреи появились в городке в начале XIX века. Тогда там проживало лишь несколько семей. Через сто лет ситуация кардинально изменилась. В 1908 г. в местечке было уже 2134 еврея, а всего там проживало 3838 человек.

Еврейская жизнь расцвела в Парисове после того, как в середине XIX века туда приехал рабби Йешуа Ашер Рабинович (Ашрэль). Он был сыном знаменитого а-Йехуди а-кадош из Пшисха.

Рабби Ашрэль до переезда в Парисов был главой еврейского суда г. Желехов. Он был вынужден оставить этот город из-за острого конфликта хасидов[55] и митнагдим.

Интересно, что еще в 1774 г., приблизительно за 60 лет до этих событий, в г. Желехов проводилось следствие относительно деятельности хасидов. Напомню читателю, что Симха – отец Бааль Сулама, был выходцем из Желехова.

Благодаря р. Ашриэлю слава о Парисове распространилась по всей Польше и даже за ее пределами. Многочисленные хасиды, которые приезжали посетить рабби Ашриэля, оставались в городе навсегда. Кроме того, местный правитель граф Орланд настолько проникся уважением к рабби, что подарил еврейской общине два участка зем-

---

55 .Parysow Memorial Book. Editor Yechiel Granastein. Israel. 1971. P. 17.

Глава 16. Рабби из Пурсов

ли. Один – под постройку синагоги, а другой – под еврейское кладбище. Этот подарок сопровождала довольно странная просьба. Граф попросил, чтобы после его смерти сам рабби, а также местные евреи приняли участие в похоронной процессии. Он также почему-то уточнил, что у евреев на головах должны быть кипы...

В дальнейшем в городке сменилось несколько духовных предводителей, пока в 1904 г. это место не занял второй учитель Бааль Сулама – р. Йешуа Ашер Рабинович.

В 1912 г. в местечке разгорелся длительный массовый междоусобный конфликт, в детали которого входить не имеет смысла. Главное то, что одной весенней ночью 1913 г. р. Йешуа Ашер все оставил и вместе с семьей переехал в г. Отвоцк.[56] Вскоре к нему переехали большинство его хасидов с семьями.

Через некоторое время, когда страсти немного улеглись, жители города осознали, что потеряли в лице рава не только источник той силы, которая создавала особую духовную атмосферу городка, но и просто источник заработка. Хасиды, которые съезжались со всей страны и являлись хорошим и постоянным источником дохода для г. Парисов, теперь стали ездить в Отвоцк.

Осознав случившиеся, в Отвоцк прибыла делегация из Парисова, чтобы уговорить рава вернуться. Однако тот ответил категорическим отказом, а через некоторое время он послал рабочих, которые разобрали оставленный им дом буквально на бревна и перевезли в Отвоцк.

---

56 Там же Р. 48.

С этого момента в Парисове начался процесс саморазрушения. Затихшие было страсти разгорелись с новой силой, а евреи городка разделились еще на несколько враждующих лагерей. Одни признавали одного рава, другие другого, а третьи третьего. Даже мясо они покупали в зависимости от того, к какому лагерю принадлежал резник, который резал скотину.

Оставшиеся в городе хасиды р. Йешуа Ашера, перед каждым праздником просто переезжали вместе с семьями в Отвоцк к ребе.[57]

В последние года жизни р. Йешуа Ашера проживал в Варшаве на улице Твердая (Twarda) хотя все праздники он проводил в Отвоцке. Он скончался в Отвоцке в 1938 г.[58], за год до начала Второй мировой войны

Тот конфликт, который случился в Парисове, на самом деле был результатом явления, которое в том или ином виде распространялось в среде хасидов уже давно. Известный писатель Мартин Бубер так характеризует это явление:

> *...было решено отказаться от идеи ставить учеников во главе общины...*
>
> *...хасиды отказались от основополагающего принципа хасидизма, который можно определить как «внутренняя миссия».*[59]

---

57 Там же Р. 49.
58 Otwock Memorial Book. Editor Shimon Kanc. Israel. 1968. P. 165.
59 Мартин Бубер. Хасидские истории. Мосты культуры. Москва. 2009. С. 21.

Глава 17.

О поведении каббалистов

Мы уже говорили о том, как и почему люди начинают заниматься каббалой. Однако многих, гораздо больше интересует необычный, можно сказать нестандартный взгляд каббалистов на кажущиеся всем тривиальные вещи.

Для того чтобы хоть как-то разобраться в этой теме, нам придется поговорить о некоторых базовых каббалистических понятиях.

В этой книге уже было упомянуто несколько раз понятие «эго». «Эго» или «желание получать» и есть тот предмет, который изучает и исследует каббала.

> «Желание получать», присутствующее в каждой сущности, является «первичной материей» для каждого создания и каждой сущности.[60]

А теперь перейдем сразу к делу.

Нами правит наша природа – эгоизм. Наш эгоизм управляет нами всегда и везде. Наши действия, наши расчеты с начала и до конца строятся на получении того или иного наслаждения. Мы можем говорить и доказывать что угодно, но мы такие, хотя принять это нам и не просто.

---

60 Учение Десяти Сфирот. Часть первая. Сокращение и линия». №60: [Электронный ресурс]. – 2003–2024. URL: https://kabbalahmedia.info/ru/sources/nnGQFc43?source_language=ru/(Дата обращения: 16.07.2024).

Глава 17. О поведении каббалистов

> *Общее между всеми творениями мира в том, что каждый из нас стремится использовать всех остальных ради собственной выгоды, применяя все имеющиеся в его распоряжении средства и совершенно не учитывая, что строит он свое на разрушении имеющегося у ближнего.*[61]

Законы, действующие на уровне человека и общества, в той же мере действуют и на уровне государств. Все страны мира, словно шестеренки единого механизма, связаны между собой. В наше время благодаря глобализации это ощущается как никогда.

> *Поскольку в наше время страны уже связаны друг с другом обеспечением жизненных потребностей, как члены семьи в первобытную эпоху, нет больше места разговорам и поискам справедливости, обещающим мир одной стране или одному народу, но только для всего мира целиком. Потому что благополучие и несчастье каждого отдельного человека в мире зависят от меры благополучия всех людей во всем мире.*[62]

После всего вышесказанного напрашивается однозначный вывод. Сегодня невозможно гарантировать мир нигде и никому. Человек еще не достиг конца своего развития. Эгоизм человека постоянно эволюционирует. Вследствие этого мы оказались в глобальном интегральном мире, в котором с каж-

---

[61] Бааль Сулам. Мир в мире. Kitvei Baal Hasulam. ARI. Israel. 2009. P. 466.
[62] Бааль Сулам. Мир в мире. Kitvei Baal Hasulam. ARI. Israel. 2009. P. 464–465.

дым днем нарастают центробежные тенденции. Решить это противоречие можно, лишь уравновесив альтруизмом всевозрастающий эгоизм.

Поведение каббалистов кажется непонятным и нелогичным по одной причине. Человек не понимает, не хочет понять, кто он есть на самом деле и что на самом деле им движет. Такие понятия, как эгоизм и альтруизм, мы трактуем лишь с одной стороны, со стороны эгоизма. Причина ясна – это наша исконная природа, и ничего другого у нас нет. О том, к чему это в итоге приводит, смотри выше по тексту.

Так или иначе, поведение каббалистов и их действия строятся из ощущения двух составляющих природы: эгоизма и альтруизма одновременно, поэтому понять их обычным людям очень непросто.

На одном примере попытаемся объяснить, почему каббалисты иногда устанавливают правила, которые невооруженному альтруистическим зрением человеку кажутся абсолютно нелогичными и даже неприемлемыми.

Глава 18.
Каббалистические праздники (Песах) рабби из Пурсова

Как мы помним, к рабби из Парисова на праздники приезжали люди со всей Польши. Спрашивается, в чем секрет того, что люди оставляли родные места, близких и друзей, чтобы пуститься в путь иногда за сотни километров. Ни тяжелая дорога, ни расходы, ни бытовые проблемы, которые ожидали их в чужом городе, не останавливали, как не останавливало их то, что такие поездки были довольно продолжительными. Для незнакомых с еврейскими праздниками сообщим, что праздники Суккот и Песах продолжаются целую неделю.

Из поколения в поколение передается молва о том, насколько особенным образом проводил рабби из Парисова праздник Песах. Через Бааль Сулама, а затем через его сына Рабаша, законы подготовки и проведения праздника дошли до наших дней. Автору этой книги волею судьбы посчастливилось не только присутствовать на празднованиях Песаха по законам, которые Бааль Сулам наследовал от рабби из Парисова, но даже быть среди тех, кто непосредственно участвовал в организации этого праздника.

Глава 18. Каббалистические праздники (Песах) рабби из Пурсова

> **A Chassidic Seder**
>
> UNDER THE SUPERVISION OF
>
> **Rabbi Ashlag**
>
> Write for Reservations to the
>
> **House of Dr. Preiser**
>
> BNEI BRAK

Рав Ашлаг приглашает на седер Песах в Бней-Браке в 1936 г. Объявление в газете The Palestine Post. 29.03.1936 г.

Почему автор использует слово «законы», а не менее категоричное слово «правила», читатель скоро узнает, однако прежде поговорим об истоках появления праздника.

Общеизвестная версия гласит, что праздник Песах учрежден в честь освобождения еврейского народа из Египетского рабства. Иными словами, в некий, очень далекий исторический период народ избавился от рабства, а теперь потомки бывших рабов это радостное событие отмечают в праздничной обстановке. Все ясно и понятно. Однако в каббалистической трактовке смысл праздника несравнимо глубже и значительней и имеет лишь косвенное отношение к общеизвестной версии.

Как известно, в Песах принято выполнять особые предписания – пасхальный кашрут, связанный с запретом употребления квасного (хамец). Не секрет, что каббалисты, как никто другой, относятся к выполнению пасхальных ограничений с особой строгостью и скрупулезностью.

Приведу лишь несколько примеров.

Посуда для еды – тарелки, стаканы, ложки – все из нержавеющей стали. Нельзя пользоваться мылом и моющими средствами для мойки посуды и мытья тела. Не используют зубную пасту. Если посуда упала на пол или она соприкоснулась с мацой, ее на этом Песахе больше не используют. Стакан для вина не используют для воды. Курят только сигареты израильского производства и только через специальный мундштук, сделанный из фольги.

Этих и многих других ограничений не придерживается никто и нигде.

На первый взгляд это выглядит несколько странно. Каббала, как мы уже говорили, изучает внутренние силы природы, связанные с эгоистическими желаниями человека. Почему же в таком случае каббалисты уделяют Песаху особое, не имеющее прецедентов внимание?

Глава 18. Каббалистические праздники (Песах) рабби из Пурсова

> *Критерий строгого соблюдения, т. е. насколько мы должны остерегаться в исполнении заповедей, дан нам в заповеди запрета употребления «хамец» в Песах. Это пример, каким должно быть соблюдение. И дано это на Песах, поскольку «хамец» означает «эгоистическое начало». Поэтому мы обнаруживаем тут много строгостей и тонкостей.[63]*

Объявление в газете "דער מאמענט"/ «Дер Момент» (идиш)/ Момент/26.03.1918. Рав, преподаватель Йегуда Лейб Ашлак с улицы Милая 19 кв 26 предлагает мацу шмуру (особый кашрут). Также, желающие могут самостоятельно испечь мацу для праздничной Пасхальной трапезы (Эрев Песах).

То есть хамец (хлеб и все его модификации в виде различных продуктов) говорят каббалисту об эгоистическом желании. Поэтому во время праздника не только хлеб, макаронные изделия и другие продукты, могущие нести в себе результаты брожения,

---

[63] Рабаш. Мера выполнения заповедей. 307.עמ. א כרך כתבי רב"ש ARI. Israel. 2008.

но даже почти все виды молочных и многих других продуктов каббалисты не употребляют в пищу. Гораздо проще составить список из тех продуктов, которые можно употреблять, чем список продуктов, негодных к употреблению. Итак, это:

Цитрусовые, яблоки, хрен, свекла, картофель, авокадо, редька, редиска, лук репчатый, морковь, яйца, куры, мясо говяжье, печень, кофе, орехи грецкие, миндаль в скорлупе, соль от соляной горы у Мертвого моря (но не из моря), сухой горький перец, молоко, вино и виноградный сок, сахарный сироп, маца шмура ручной работы, листья салата (хаса) – только в седер Песах.

Все продукты требуют специальной подготовки, а некоторые очень сложной. Так, например кофе, должен быть только в зеленых зернах. Каждое отдельное зерно внимательно осматривается, чтобы не было повреждений, оставленных вредителями.

Подготовка, приготовление, и сам прием пищи – это отдельные очень сложные действия, требующие времени, аккуратности и внимательности.

Вообще все праздники в том или ином виде говорят о противостоянии эгоистических и духовных (направленных на объединение) желаний. Вместе с этим Песаху каббалисты отдают особое предпочтение, поскольку он наиболее широко и подробно раскрывает тему конфликта с эгоизмом.

> *Все установленные времена, праздники и субботы являются памятью о выходе из Египта, и благодаря этому все они установлены. Ведь если бы это не произошло, не было бы соблюдения сроков, праздников и суббот.*

Глава 18. Каббалистические праздники (Песах) рабби из Пурсова

Поэтому не умирает память о Египте во все времена и праздники, и субботы. Это правило, помнить о выходе из Египта, является основой и источником Торы и всех заповедей, и всего совершенства веры Исраэля. Поэтому упомянут выход из Египта много раз в Торе.[64]

---

64 Zohar for All. Kabbalah Publishers. Israel. 2014, vol. 4. P. 151.

Глава 19.
Каббалистические праздники (Суккот) рабби из Пурсова

О том, как проходил праздник Суккот в Отвоцке можно узнать из Мемориальной книги города.[65] В частности, там указывается, что сукка рабби из Отвоцка славилась красотой и особым убранством. Сукку наполняли толпы хасидов, а также посещали известные хасидские предводители – адморы.

Эту традицию – постройка красивой, особенной сукки, продолжил Бааль Сулам. Его сын Шломо Ашлаг в интервью журналисту газеты «Маарив» в 1972 г. рассказал, что его отец рав Ашлаг 50 лет назад построил в Иерусалиме первую такую сукку и с тех пор продолжал это делать последовательно каждый год.[66]

Сам Шломо, а также его старший брат Барух Ашлаг (Рабаш), сохранили эту традицию. Их постройки регулярно заслуживали самой высокой оценки.

נבחרו 5 הסוכות
הנאות בבני ברק
מאת סופרנו בבני־ברק

סיור ב־5 הסוכות המפוארות ב־
יותר בבני־ברק ערכה אמש הנהלת
העיר לעתונאים וחברי מועצת העיר.
בתום הסיור נערכה סעודה חגיגית
לכבוד האורחים במלון „ווגשל"
בזכרון מאיר.
5 הסוכות המפוארות הן:
סוכת האדמור ר' ברוך־שלום
הלוי אשלג. סוכת האדמור ר' שלמה
בנימין־הלוי אשלג. סוכת נפתלי
שטרן בנווה אחי־עזר. סוכת נפתלי
שרייבר ברח' רשב"ם. סוכת יוסף
גלילי, ברחוב אהרונסון.

---

65 Otwock Memorial Book. Editor Shimon Kanc. Israel. 1968. P. 163.
66 מעריב 24.09.72 עמוד 16

Глава 19. Каббалистические праздники (Суккот) рабби из Пурсова

К примеру, в 1968 г. специальная городская комиссия г. Бней-Брак после завершения конкурса на самую красивую сукку города опубликовала список пяти лучших. На первом месте оказался Рабаш, а на втором его брат Шломо Ашлаг.[67]

ооо

Праздник Суккот, как и другие праздники, несет в себе очень много каббалистических посылов, приведем несколько примеров.

Сукка – это временное жилье, которое строят только на праздник. Суть в том, что шаткая, не очень приспособленная к проживанию постройка должна служить напоминанием о нашем неустойчивом и непрогнозируемом состоянии в этом мире.

В устройстве сукки есть много тонкостей. Однако главное внимание оказывается кровле. Она делается из отходов, взятых из гумна и винодельни, то есть из отходов производства хлеба и вина, и это не случайно. Оказывается, хлеб олицетворяет особую силу, называемую «свет хасадим», вино символизирует другую силу – «свет хохма».

Кровля сукки олицетворяет масах – особое качество, которое получает человек для преодоления своих врожденных эгоистических качеств. С момента получения масаха человек способен получать наслаждение от ощущения совершенного духовного состояния. Это соответствует нахождению человека в тени кровли.

---

[67] הצופה. 68.10.9. עמוד 2

> *Тень означает одеяние, в которое облачается свет. А без одеяния нет света, потому что нет света без кли. И согласно величине одеяний раскрываются и умножаются света. А как только человек теряет одеяние, в той же мере исчезает из него и свет, относящийся к этому одеянию.*[68]

Понятие «отходы» выражает наше пренебрежительное отношение к духовным, альтруистическим ценностям, полностью противоположным нашей эгоистической природе. Построить сукку и накрыть ее кровлей – значит, поднять духовные ценности над эгоистическими, то есть сделать их самыми важными в жизни. В каббале такое состояние называется: «вера выше знания».

> *«Сукка» происходит от слова «покрытие» (схах), которое покрывает разум, ведь верой называется именно [состояние] выше знания.*[69]

---

68 Бааль Сулам. Шамати. Почему проверяют тень в ночь Ошана Раба. Kitvei Baal Hasulam. ARI. Israel. 2009. P. 664.
69 Рабаш, 284. Есть у Меня заповедь, лёгкая для исполнения, имя ей – сукка. 1732.עמ.ג כרך ש"רב כתבי ARI. Israel. 2008.

ЧАСТЬ ЧЕТВЕРТАЯ.
ПОЧЕМУ ЕВРЕИ

Глава 20.
Еврейская проблема

Каждого, имеющего тягу к тайнам Торы, притягивает земля Израиля.[70]

Бааль Сулам учился у ребе из Пурсова много лет. Однажды он вернулся от ребе домой и сказал: «Выхода нет, я обязан уехать из Польши и репатриироваться в землю Израиля. На старом месте не у кого учиться и нет возможности продолжать духовное развитие.»[71]

---

70 Бааль Сулам. Статья в завершение Книги Зоар. Kitvei Baal Hasulam. ARI. Israel. 2009. P. 475.
71 Бааль Сулам. Прибытие на землю Израиля: [Электронный ресурс]. – 2006. URL: http://www.kabbalah.info/rus/content/view/frame/41624?/rus/content/view/full/41624&main (Дата обращения: 17.07.2024).

Если оглянуться назад в прошлое, мы видим, что многие известные каббалисты стремились в землю Израиля, но далеко не всегда им удавалось воплотить свою мечту в жизнь. Рамхаль[72] сумел это сделать, но всего через 4 года в результате эпидемии умерли он, его жена и сын. Гаон из Вильно доехал до Эрец Исраэль, но по неизвестной причине очень скоро вернулся назад. Бааль Шем Тов добрался лишь до Стамбула...

Часто социальные потрясения и рост антисемитизма, который, как правило сопровождает переломные моменты истории, помогают воплощению этой мечты.

Начало социальных потрясений XX века ознаменовала революция 1905 г., произошедшая в Российской империи. Царство Польское, которое входило в тогда в Российскую империю, не осталось в стороне. Жажда независимости и социальное неравенство привели к тому, что в 1905–1906 гг. произошло более 7000 забастовок, в которых приняли участие 1.3 миллиона поляков. Одно из самых больших революционных выступлений произошло в Лодзи в июне 1905 г. По официальным данным тогда погибли 151 человек. Обращает на себя внимание национальный состав погибших: 17 немцев, 55 поляков и 79 евреев.

---

72 Рамхаль – рав Моше Хаим Луцатто (1707–1744) – каббалист, поэт, автор десятков книг по каббале и по еврейской этике.

Глава 20. Еврейская проблема

Взрыв бомбы 19 мая 1905 г. в Варшаве на улице Медовая

Из этих и многих других данных известно, что евреи принимали очень активное участие в этих событиях. Одним из таких революционных деятелей был Пинхас (Петр) Рутенберг. Этот человек выбран в качестве примера не случайно, и позже читатель поймет почему.

За время своей бурной жизни он прошел путь от революционера-террориста до крупнейшего общественного, политического и хозяйственного деятеля в подмандатной Палестине.

В 1905 г. он работал инженером на знаменитом Путиловском заводе в Петербурге. К этому времени он был членом партии эсеров и по заданию партии сопровождал знаменитого священника Георгия Гапона в ключевом событии революции 1905 г. – демонстрации рабочих на площади Зимнего Дворца в Санкт-Петербурге. Как известно, тогда по демонстрации был открыт огонь. Гапона от неминуемой гибели спас Пинхас Рутенберг.

Позже, когда раскрылось сотрудничество Гапона с Департаментом полиции, Рутенберг принял участие в его убийстве. Далее калейдоскоп его жизни закрутился с еще большей скоростью. Отметим несколько интересных моментов. Он занимал высокую должность во Временном правительстве А. Керенского. В дни Октябрьской революции Рутенберг предлагал арестовать и казнить Ленина и Троцкого. Во время штурма Зимнего дворца, 7 ноября 1917 года, Рутенберг был в числе защитников резиденции Временного правительства. Он был арестован вместе с министрами и шесть месяцев провёл в Петропавловской крепости. Освобожден по ходатайству М. Горького.

Позже в судьбе П. Рутенберга произошел крутой поворот, и в 1919 г. он оказался в Подмандатной Палестине. При поддержке тогдашнего министра колоний Уинстона Черчилля, который в последствии станет премьер-министром Великобритании, он создает Палестинскую Электрическую Компанию и полностью электрифицирует страну. Сегодня одна из электростанций Израиля носит его имя.

С начала 20-х годов и далее на разных публичных форумах он указывал, что междоусобная война партий и течений в еврейском ишуве[73] Подмандатной Палестины может привести к уничтожению всего народа Израиля. Перед смертью он опубликовал громкий призыв к объединению враждующих группировок.

---

73 Ишув – буквально «заселенное место». Собирательное название еврейского населения Эрец Исраэль.

Глава 20. Еврейская проблема

```
VOL. XXV / 6793 / TEL-AVIV JANUARY 5, 1942
```

דברו האחרון של רוטנברג
לישוב העברי בארץ־ישראל

פילוג עמנו לכתות, עדות ומפלגות, היה תמיד בעוכ־
רינו. מלחמת אחים הביאה אותנו לעברי פי פחת, ואם
לא תחדל — תחריבנו.

לכן בקשתי וצוואתי לישוב ולנוער הגדל בתוכו,
לזכור תמיד שלא יהודים של כתה או מפלגה זו או
אחרת נרדפים ונדרסים, כי אם עם ישראל בכללו. בין
אם נרצה ובין אם לא נרצה אחים לצרה אנחנו — גבינה
זאת ונהיה אחים לחיים, ליצירה, לפעולה ולבנין.

■ ‫הנוער שלנו — תקות עתידנו. בחנוכו העברי הנכון —‬
בטחון קיומנו.

עקרוני חינוכו הנכון הם: שרשיות, בינה ודעת,
אחדות ואחוה, רצינות ונאמנות.

לחינוך הנוער ברוח זו אני מקדיש את ההכנסות
מתוך כל רכושי שהועבר ושיועבר מדי שנה בשנה
לאוצר פנחס רוטנברג. ישמש נא הן זה והכנסותיו
התחלה של קרן למען חינוך הנוער ברוח אחדות ואחוה —
רוח ישראל.

אני מבקש מאת מנהלי האוצר להוציא לפועל את
רצוני זה.

פנחס רוטנברג

חיפה, ט"ו מרחשון

Воззвание П. Рутенберга. Посмертная публикация в газете а-Арец. 5.01.1942

Приводим несколько фраз из текста воззвания:

Дробление нашего народа на секты, этносы и партии всегда были нам противны.

Междоусобная война привела нас к пропасти, и, если не прекратится, она нас разрушит. Поэтому я просил и завещал ишуву и молодежи, которая в нем выросла, всегда помнить, что не евреев из разных групп или из тех или иных партий преследуют и давят, но весь народ Израиля.

*Хотим мы этого или нет, но мы **братья по несчастью** и если поймем это, будем братьями по жизни, действию и созиданию...*[74]

Нам не известно, был ли Пинхас Рутенберг знаком лично с Бааль Суламом, однако его переживания за объединение народа явно перекликаются со словами Бааль Сулама в изданной им газете «Ума» («Народ»).

Каждый из нас и каждая наша партия восседает на своем партийном имуществе, охраняя его с избыточным педантизмом без каких бы то ни было уступок. Они ни под каким видом не смогут, а вернее, не захотят прийти к общественному единению, как того требует опасность, нависшая над всеми нами...[75]

---

74 הארץ 5 ינואר 1942 (перевод автора книги).
75 Бааль Сулам. Газета «Народ» («Ума»). Kitvei Baal Hasulam. ARI. Israel. 2009. P. 487.

Глава 20. Еврейская проблема

> *...Та малость, которая осталась у нас от народной любви, не заложена в нас положительным образом, как это обычно бывает у всех народов, а существует внутри нас в отрицательном виде, являясь общим страданием, которое испытывает каждый из нас, будучи сыном своего народа. Как следствие, в нас отчеканилось народное сознание и родство по принципу – **братья по несчастью**.*[76]

Обращает внимание на себя тот факт, что тема раскола еврейского народа воспринималась многими еврейскими интеллектуалами как глобальная проблема мирового масштаба. Вот что говорил знаменитый Альберт Эйнштейн в 1934 г.:

> *Если нам, евреям, и суждено извлечь какой-то урок из этой мрачной эпохи, то он заключается в следующем; все мы связаны **единой участью**. Это факт, который легко и охотно забывается во времена покоя и безопасности. Мы слишком привыкли подчеркивать различия, разделяющие евреев разных стран и разных религиозных течений. И часто забываем, что ненависть и несправедливое **отношение к евреям в любой точке земного шара** касаются каждого еврея.*[77]

---

[76] Там же – P. 489.
[77] Альберт Эйнштейн О СИОНИЗМЕ. БИБЛИОТЕКА АЛИЯ 1991. Иерусалим С. 25.

Глава 21.
Почему евреи

Общеизвестно, что представители еврейского народа всегда очень заметны в жизни любой страны. Известный сатирик М. Жванецкий высказался по этому поводу с юмором, но очень образно.

> *А евреи как? Они в любой стране в меньшинстве, но в каждой отдельной отрасли в большинстве. Взять физику – в большинстве. Взять шахматы – в большинстве. Взять науку – в большинстве. А среди населения в меньшинстве. Многие не могут понять, как это происходит, и начинают их бить.[78]*

Интересно, а что говорят источники об этом феномене.

Говорится, что первым евреем («иври» – עברי) был Авраам.[79] О том, откуда это слово появилось и что оно означает, мы поговорим чуть позже, а пока скажем, что Авраам был представителем элиты древнего Вавилона, который приподнял завесу над величайшей тайной природы. Ему открылось, что Творец – ничто иное как единая сила природы[80], которая ведет все созданное ей к всеобщей гармонии и единению.

---

78 Михаил Жванецкий: [Электронный ресурс]. – URL: https://isralove.org/load/1-1-0-31 (Дата обращения: 17.07.2024).
79 Тора, Берешит, 14:13.
80 Творец и природа – это, по сути, одно и то же. Бааль Сулам. Мир. Kitvei Baal Hasulam. ARI. Israel. 2009. P. 406–407.

> *Отрицательные силы, раскрывающиеся в промежуточных состояниях, являются причиной прогресса человечества, которое с их помощью словно поднимается по ступеням лестницы. И они верно служат своей роли – привести человечество к последней ступени развития, к тому желанному состоянию, которое свободно от всякого порока и недостатка.*[81]

Авраам свое открытие реализовал на практике. Он создал методику выхода из ощущения эгоистического мира, в котором находится большинство человечества по сегодняшний день, в ощущение мира гармонии и любви. Благодаря этой методике, из людей – представителей разных народов тогдашней Вавилонской империи, которым были близки идеи Авраама, в конечном итоге сформировался новый, особый народ.

> *И когда народ собирался к нему и спрашивал, что означают его слова, он разъяснял каждому человеку в отдельности, в зависимости от его понятия, пока не возвращал на истинный путь. И, в конце концов, собрались к нему тысячи и десятки тысяч людей – они-то и есть «домочадцы Авраама».*[82]

---

[81] Бааль Сулам. Газета «Народ» («Ума»). Kitvei Baal Hasulam. ARI. Israel. 2009. P. 496.

[82] Рамбам (Маймонид) – р. Моше бен Маймон (1138–1204) – духовный предводитель поколения, каббалист, прославленный врач. Цитата по книге Мишне - Тора. Законы об идолопоклонстве, гл. 1, п. 3.

Народ, созданный Авраамом-иври, который совершил переход из ощущения эгоистического восприятия к восприятию альтруистическому, стал называться «еврейским народом».

*Рабби Йегуда говорит: «Весь мир – один переход (маавар), и он (Авраам – иври) – один **переход**».*[83]

В дальнейшем народ получал разные имена. Но все они, в той или иной степени, связаны не с его генетическим происхождением, а, если можно так сказать, с происхождением идеологическим.

Название «Израиль», «Исраэль» (ישראל), происходит[84] *от слов «яшар» (ישר) и «эль» (אל), что в переводе означает «прямо к Творцу». Название «иудей» (йеуди – יהודי), происходит*[85] *от слова «единство» (йехуд – יחוד) – человек достигает единения с Высшей Силой.*

Несмотря на то, что это ощущение потом было потеряно, сила гармонии в виде внутреннего потенциала у евреев осталась. В терминах каббалы она называется «точка в сердце».

---

83 Мидраш Раба, Берешит, 42:8.
84 Рабаш. И будет, когда придешь на землю, которую Творец Всесильный твой, дает тебе. 52.כתבי רב"ש כרך א.מע. ARI. Israel. 2008.
85 Бааль Турим. Яков бен Ашер (1269–1343) – галахический авторитет. Комментарии к Торе, Шмот, 18:19.

Глава 21. Почему евреи

> *В каждом человеке из народа Израиля есть внутренняя часть, которая называется «Исраэль», и в этом секрет «точки в сердце».*[86]

Поэтому евреи так отличаются от остальных народов. Они постоянно находятся в бесконечном движении и поисках. В результате, они находят «Оскаров», «Нобелей» и... антисемитизм. Народы чувствуют, что евреи могут и должны заниматься чем-то другим, хотя и не очень понятно чем.

> *На еврейском народе лежит обязанность исполнить старые пророчества, гласившие, что через него все народы земли будут благословенны, и для этого он должен начать новую работу.*[87]

Поле гармонии, царящее в природе, постоянно воздействует на «точки в сердце». Оно притягивает их к своему центру. Эгоизм – это та сила, которая противодействует этому притяжению. Точки, которые сами направляются к центру поля, давления практически не ощущают. А если точки по тем или иным причинам, грубо говоря, «сопротивляются», – они оказываются под возрастающим давлением со стороны поля. Так это работает на уровне полей.

В событиях мировой истории это приобретает формы различного рода гонений относительно носителей этих точек – евреев. От погромов до государственного антисемитизма. Таким образом, анти-

---

[86] Бааль Сулам. Предисловие к Книге Зоар. Kitvei Baal Hasulam. ARI. Israel. 2009. P. 451.
[87] Форд Г. – американский автопромышленник.

семитизм – это закон природы. Другого объяснения антисемитизму просто нет.

Между прочим, исходя из того, что Авраам собирал еврейский народ из людей, у которых пробудилась «точка в сердце», можно сказать и обратное. Человека, какой бы национальности он ни был, у которого проявилась «точка в сердце», по сути, можно назвать евреем. Напомним, что еврей – это не национальность в общепринятом понимании, поскольку, как уже было отмечено, еврейский народ образовался не на основе родственных связей, как другие народы, а на связи идейной. В заключении всего вышесказанного приведем одну цитату из произведения Бааль Сулама.

Не может быть двух мнений о том, что [исполнение] цели творения возложено на весь род человеческий вместе – как на черных, так и на белых, и на желтых, без какого-либо изначального различия.

Однако, поскольку природа творений опустилась до самого низа, как выяснилось выше, то есть до эгоистической любви, которая имеет безграничную власть над всем человечеством, не было никакой возможности и способа вступить с ними в переговоры и объяснить им, чтобы они решились и согласились принять на себя, хотя бы в виде простого обещания, выйти из своих узких рамок в широкий мир любви к ближнему.

Глава 21. Почему евреи

Кроме народа Израиля, который в силу того, что был до этого в рабстве у дикого царства Египетского в течение четырехсот лет в великих и ужасных страданиях, – ведь известны слова мудрецов, сказавших: «Как соль смягчает мясо, так страдания смягчают грехи человеческие», то есть они несут телу великое очищение; а, кроме этого, им помогло очищение их святых праотцев, как сказано выше, в п. 16, и это главное, и об этом свидетельствуют несколько стихов Торы.[88]

---

[88] Бааль Сулам. Поручительство. Kitvei Baal Hasulam. ARI. Israel. 2009. P. 394–395.

Глава 22.

Милая улица

Поколения продолжают сменять друг друга на этой планете, но каждое поколение, каждый человек спрашивает себя о смысле жизни, особенно во время войн, глобальных страданий или полос неудач, проносящихся над каждым из нас. Во имя чего наша жизнь, так дорого нам стоящая, незначительные ее радости, когда отсутствие страданий уже кажется нам счастьем?[89]

---

[89] М. Лайтман. Постижение Высших миров. LKP. Израиль 2016. С. 10.

Документальных источников, говорящих о том, что и как происходило с Бааль Суламом в Варшаве до того, как он решил отправиться в Землю Израиля, пока не найдено, однако описать ту среду, те события, в гуще которых он жил и действовал, вполне возможно.

После первой русской революции 1905 г., на описании которой мы остановились в прошлых главах, ситуация в Польше стабилизировалась, однако ненадолго, поскольку в 1914 г. началась Первая мировая война.

К этому времени Бааль Сулам, как следует из выходных данных изданной им в 1914 г. книги «Сихот Хаим» («Беседы о жизни») носит имя р. Йехуда Лейб Ашлак[90], а также узнаем, что он живет по адресу מילע 15 (Милая, 15).

---

90 Имя, должность и адрес взяты из изданной им в эти годы книги «Сихот Хаим» (שיחות חיים" הרב יהודה ליב אשלאק מ"ץ בווארשא מילע15")

Глава 22. Милая улица

Он уже взрослый семейный человек. Его жену зовут Роза-Ривка, в девичестве Абрамович. Как мы помним, эти данные указаны в свидетельстве о смерти их дочери, а также в документе о предоставлении им палестинского гражданства.

Бааль Сулам женился в 1905 г. Это, а также некоторые подробности из жизни его семьи мы узнаем из письма Ривки, жены Бааль Сулама, адресованного премьер-министру Израиля Бен-Гуриону.

> ...С тех пор как я семнадцатилетней девушкой познакомилась с равом, благословенно имя праведника, я страдала в такой степени, что нет слов, чтобы это описать. Рав, благословенно имя праведника, договорился со мной, что на меня будут возложены все материальные заботы по дому, а он будет работать все свои годы ради Б-га и таким образом мы выполним все возложенное на нас в жизни.
> Однако у меня не хватает слов описать, насколько это было для меня тяжело. Вместе с этим я с радостью выполняла свою роль, потому что знала, что из этого прорастет благословение для общества...[91]

В семье есть несколько детей. Трое сыновей: Барух, Шломо и Давид. Дочка Хана-Лая умерла в годовалом возрасте. Сам Бааль Сулам занимает должность (ивр. מוֹרֶה צֶדֶק; море-цедек) в раввинате Варшавы.

В Варшаве в 1914 году проживало 337 тыс. евреев (около 38% населения). Поэтому неудивительно, что в городе просто бурлила еврейская жизнь. Ежедневные газеты на идиш «Хайнт» (с 1908 г.) и «Момент» (с 1911 г.), имевшие массовые тиражи, театры, многочисленные учебные заведения, целые улицы и районы принадлежали – в переносном, а часто и в прямом смысле этого слова – евреям.

---

[91] Из письма Ривки Ашлаг премьер-министру Израиля Давиду Бен Гуриону 11.02.59 (перевод автора книги).

Глава 22. Милая улица

Из выставленного в главе о Песахе объявления об изготовлении мацы, которое Бааль Сулам опубликовал в газете в 1918 г., мы узнаем точный адрес, по которому он проживал. Это ул. Милая, 19, кв. 26. Исходя из этого и других документов можно предположить, что по этому адресу он жил до самого отъезда из Польши в 1921 г. Приводим дополнительный документ, подтверждающий наше предположение.

В этом Варшавском Воеводском Журнале, опубликованном в 1931 году, указаны имена самого Бааль Сулама, его жены и сына – Шломо 1909 г. рождения, который разыскивается в связи с призывом в Польскую Армию.

Адрес Милая, 19 указан в качестве места жительства семьи Бааль Сулама

Это объявление прежде всего свидетельствует, выражаясь нелитературно, о том балагане с ведением документации, который царил тогда в Польше. Дело в том, что Бааль Сулам к моменту появления этого документа уже как 10 лет жил в Подмандатной Палестине. С другой стороны, можно предположить, что улица Милая, 19 была последним адресом Бааль Сулама, который был зарегистрирован в официальных структурах до его отъезда из Польши.

Во время сбора информации об ул. Милая в справочнике «Адресъ-Календарь гор. Варшавы на 1914 г.», была обнаружена интересная закономерность, которая с определенной стороны характеризует тогдашние реалии.

Из статистических данных, собранных в этом справочнике, следуют, что на улице Милая, а также на ул. Смочая (Smocza) – там, где жил и работал Симха (отец Бааль Сулама), не было врачей. Медицинские работники: фельдшера, дантисты, зубные врачи (это отдельная категория, не дантисты), акушерки и повивальные бабки, хотя и в небольшом количестве, там жили, а вот врачей не было вовсе.

Одновременно с этим, там же в справочнике нашлись и противоположные примеры. Это трудно представить, но, например, на ул. Маршалковская[92] проживало более 120 врачей! Таким необычным образом выражение «принц и нищий» в нашем случае проявилось в сверхконтрастном делении города на «хорошие» и «плохие» улицы.

---

92 Адресъ-Календарь гор. Варшавы на 1914 годъ съ планомъ гор. Варшавы. Варшава. Въ полицейской типографии. С. 378.

Глава 22. Милая улица

ул. Маршалковская 1906 г.

Спрашивается, а что же на «плохой» улице Милая было не так? На первый взгляд, ничего такого там не видно. На этой улице находились следующие заведения:

«Третье общество вспомоществования больных евреев «Линасъ Гацедек»[93], «Общество для оказания помощи больнымъ подъ назв, «Томхай Хоулимъ», «Общество помощи въ случаяхъ крайней нужды подъ назв. «Байсъ-Лехем», «Общество потребителей «Еврейских рабочих в городе Варшаве», фабрика ложек, фабрика железной мебели (речь идет о кроватях).

Кроме того, там было много учебных религиозных заведений разного уровня:

Иешивы: Милая 11, 15, 19. Талмуд-Тора: Милая 63. Хедеры: Милая 21, 23, 61, 67.

Кажется, не так уж и плохо. Никаких кожевенных заводов и других шумно-пыльных-зловонных предприятий – не в пример тем улицам, где раньше жил Бааль Сулам.

---

[93] Там же. С. 423.

Глава 22. Милая улица

ул. Милая 1941 г.

Перед нами хорошие каменные дома с балконами. Мостовая, выложенная каменной брусчаткой. Ничего такого, что бы указывало на «плохую улицу», не видно. Решение загадки пришло неожиданно из одного письменного свидетельства, после чего все стало на свои места.

Выдающейся польский поэт XX века Владислав Броневский (1897–1962) посвятил этой улице поэтические строки, которые очень драматично описывают этот район Варшавы. Стихотворение стоит того, чтобы опубликовать его полностью.

Улица Милая

Улица Милая вовсе не милая,
улицей Милой не ходи, моя милая.
Дома стоят там важные,
большие, трехэтажные,
глядят сурово в небо
с тревогой, с болью, с гневом.

За домом двор зловонный,
в нем шум неугомонный,
там дети бродят хилые,
там с юных лет сутулятся,
эх, улица ты Милая,
ох, милая ты улица!

На улице Милой – бюро похоронное,
мясник, палатка с водою лимонною,
для кукол лечебница рядом в подвале –
вид более жалкий представишь едва ли.

Вдруг «скорая помощь» проносится с шумом,
чудак парикмахер в тринадцатом умер.
Повесился; тщетно мечтал он о славе,
напрасно фальцетом всю жизнь прогнусавил.

Милая, если б могла ты понять,
как тяжело мне по Милой блуждать!
Стих не родится, бездомны мечты
в этом унылом гнезде нищеты.
То был не парикмахер, а ангел невинный,

Глава 22. Милая улица

с Милой в небо вознесся он, точно с трамплина,
пролетал, белокрылый, над каждым он двориком
и кидал ребятишкам по белому перышку.

Дети ручками перья хватали несмело,
а потом с неба снег пошел, ангельски белый,
люди шли, проклиная свой труд и усталость,
ангел скрылся, а грязная лужа осталась.

Ночью над Милой — оспою черною звезды,
ночью над Милой — гнева мятежного гроздья,
горя немало увидишь ты, милая, в Польше,
Милая, номер тринадцать — нигде не найти его больше.

В подвале покойник — плач, суматоха...
Плохо!
Первый этаж. Еще хуже!
Вдова парикмахера плачет о муже,
плачет неистово,
на втором — ждут судебного пристава,
а рядом —
отравилась кухарка каким-то ядом,
на третьем — жандармы, сыщики, обыск.

На четвертом — объявленья читают и смотрят в оба:

не нужна ли рабочая сила.
В мансарде девушка дитя свое задушила.
Милая улица.
Улица Милая.
На улице Милой весны не знают,
там деревья и в мае не расцветают,
одни фонари там пьяны неизменно,
ватагой гуляют по улице нищей,
хмельные, качаясь, бредут до кладбища
и лбами стучатся о серые стены.
Милая, я не решаюсь по Милой пройти,
даже когда она мне по пути.
Я обхожу ее в страхе, мой друг,
даже когда я к тебе тороплюсь.
Я, дорогая, боюсь:
как бы я там не повесился вдруг.

После такой поэмы трудно что-то добавить. Вместе с тем остался один вопрос, с которым хотелось бы все-таки разобраться. Как сочеталась бизнес-хозяйственная жизнь жителей таких улиц с жизнью частной. Вспомним об объявлении Бааль Сулама о продаже и изготовлении мацы в его квартире, а также о Симхе Ашлаге, который жил и торговал по одному адресу.

Из статьи под названием «Каждая улица в Варшаве была отдельным городом» опубликованном в Нью-Йорке в издании «Forwerts» в июле 1944 г. выясняется, что такой кажущийся странным симбиоз, в свое время был вполне обычным явлением:

Глава 22. Милая улица

Каждая квартира была отдельным предприятием. Действительно, невозможно было посчитать, сколько небольших фабрик там находилось. Галдеж торговцев и покупателей не прекращался ни на минуту. Там же находились дома науки и хасидские молитвенные дома, но никто не замечал их среди магазинов, мастерских и фабрик.

Подводя итоги обзору улиц Варшавы, где жил в разное время Бааль Сулам, нужно отметить, что его бывшие квартиры во время немецкой оккупации оказались в самых ключевых точках Варшавского гетто.

Об улице Гусиная мы уже рассказывали. На улице Милая, 18 находился бункер, в котором скрывался руководитель восстания Мордехай Анелевич. На этом месте сегодня находится памятный обелиск.

Этой улице, а точнее тем трагическим событиям, которые там происходили, посвящен целый роман. Он так и называется «Милая, 18». Роман написал автор знаменитого бестселлера «Эксодус» («Исход») американский писатель Леон Юрис.

Напомню лишь читателям, что Бааль Сулам когда-то жил в доме на противоположной стороне этой улицы.

Глава 23.

Истоки появления Израиля

Лишь во время войн, катастроф или других больших несчастий, когда уже не видно, казалось бы, никаких решений наших проблем, мы все можем явственно видеть руку Творца и Его помощь. Но это только в критические моменты, в которые мы попадаем, не желая познать и использовать каббалистические знания об управлении мирозданием.[94]

---

[94] М. Лайтман. Постижение Высших миров. LKP. Израиль 2016. С. 182.

Первая Мировая война изменила не только государственные границы. Она способствовала изменениям социальным. Как известно, 7 ноября 1917 г. произошла революция в России – со всем отсюда вытекающим. Практически одновременно с революцией произошло событие не такое громкое, но очень сильно повлиявшее на весь еврейский мир. Великобритания официально одобрило создание в Палестине еврейского государства.

Министерство иностранных дел, **2 ноября** *1917 года*

Уважаемый лорд Ротшильд.

Имею честь передать Вам от имени правительства Его Величества следующую декларацию, в которой выражается сочувствие сионистским устремлениям евреев, представленную на рассмотрение кабинета министров и им одобренную:

«Правительство Его Величества с одобрением рассматривает вопрос о создании в Палестине национального очага для еврейского народа, и приложит все усилия для содействия достижению этой цели; при этом ясно подразумевается, что не должно производиться никаких действий, которые могли бы нарушить гражданские и религиозные права существующих нееврейских общин в Палестине или же права и политический статус, которыми пользуются евреи в любой другой стране».

Я был бы весьма признателен Вам, если бы Вы довели эту Декларацию до сведения Сионистской федерации.

Глава 23. Истоки появления Израиля

Искренне Ваш,

Артур Джеймс Бальфур.

Знаменательно, что «Декларация Бальфура» была опубликована в том же номере газеты «Таймс», где было опубликовано сообщение об Октябрьской революции.

ооо

О собственном государстве мечтали не только евреи, но и поляки. Поэтому сразу же после развала Российской империи, в Польше, начались волнения и менее чем через год после революции, а именно 6 октября 1918 г., поляки объявили о своей независимости.

Евреи, как обычно, были среди тех, кто стремился изменить мир к лучшему, поэтому некоторые из них боролись за революционные изменения, а другие, наоборот, отстаивали существующие порядки. Эта повышенная еврейская активность добавила дров в костер никогда не прекращавшегося антисемитизма.

На Варшавских улицах появились антисемитские прокламации. Публикуем несколько фрагментов из одного такого документа, расклеенного 13 октября 1918 г.

> *Поляки, осторожно...Подкупленные еврейским золотом польская социал-демократическая партия и еврейский «Бунд» организуют в Польше большевистский бандитизм...*
>
> *...Жид Бронштейн-Троцкий «великий представитель интернационального пролетариата, окружил себя бандой бывших царских прислужников и их кровавой рукой душит русский народ...*

> ...Меч, который они (евреи) поднимут против нашей груди, с силой ударится о их головы.
>
> Подпись: «Армия освобождения».[95]

Этот текст хорошо иллюстрирует известное высказывание главного раввина Москвы того периода (1893–1924 г) Якова Мазе: «Революцию делают Троцкие, а расплачиваются за нее Бронштейны».

Евреев обвиняли все и во всем.

Отрывок из массового воззвания «Еврейская работа»:

> Мировую войну вызвали евреи-богачи из Вены и Берлина, уверявшие германского императора, что он завоюет весь свет, ибо в императоре они избрали орудие для исполнения своих планов.
>
> Из-за евреев пропали императоры германский и австрийский; и ныне евреи торжествуют, ибо мировая война наполнила их карманы; при помощи крови, нужды и слез человечества они овладели всем золотом мира...[96]

Массовые эксцессы с избиением и грабежом евреев вплоть до кровавых погромов прокатились по всей Польше. Вот несколько примеров.[97]

---

95 Мировая реакция и еврейские погромы. Том первый Польша. 1918–1922. Проф. И. Я Хейфец. Государственное издательство Украины 1925 г. С. 35.
96 Мировая реакция и еврейские погромы. Том первый Польша. 1918–1922. Проф. И. Я Хейфец. Государственное издательство Украины 1925 г. С. 36.
97 Мировая реакция и еврейские погромы. Том первый Польша. 1918–1922. Проф. И. Я Хейфец. Государственное издательство Украины 1925 г. С. 24–26.

Глава 23. Истоки появления Израиля

В Кельцах 11 ноября 1918 г. проходило собрание еврейских партий. Среди прочего, участники приветствовали возникновение свободной независимой Польши. Всеобщее ликование закончилось тем, что в зал ворвалась вооруженная толпа поляков и началось массовое избиение евреев. Были ранены более 200 человек. На следующий день погром продолжился. Всего было ранено свыше 500 человек. Десятки человек умерли от ран.

Спустя почти 30 лет после этих событий, уже после окончания Второй мировой войны, когда оставшиеся после Катастрофы евреи начали возвращаться в Польшу, в тех же самых Кельцах 4 июля 1946 г. произошел известный «Кельтский погром».

Меняются эпохи, декорации, обстоятельства, неизменным остается только одно – антисемитизм. Катастрофа еврейского народа никак не изменила отношения к евреям, в том числе и в СССР. Первый погром после Второй мировой войны произошел 7 сентября 1945 г, в Киеве. Тогда погибло 5 человек и 36 были госпитализированы.

Однако вернемся к событиям в Польше. Как известно, в 1919–1921 гг. шла война между Советской Россией и Польшей, что естественным образом отразилось на еврейском населении. Список населенных пунктов, в которых проходили кровавые погромы в 1918–1920 гг. огромен. Желающие могут обратиться к книге «Мировая реакция и еврейские погромы», опубликованной по горячим следам в 1925 г.

Вот несколько отрывков из свидетельских показаний того, что произошло в месте рождения Бааль Сулама, в г. Луков 17 августа 1920 г.

17-го утром, когда вошли поляки, произошел формальный погром. Этот погром продолжался два дня. От него пострадало 80% еврейского населения...

Крестьянки стоят наготове с корзинками, чтобы уносить еврейское добро...

Солдаты ворвались к пекарю Берлишу. Разгневанные тем, что он сразу не открыл двери, они убили его, отрубив ему голову штыком, после чего квартира была ограблена...Около Лукова по дороге в Крынки солдаты и местные жители убили 14 ремесленников евреев...[98]

В заключении публикуем в алфавитном порядке выдержку из сводки погромов[99] в Польше в 1920 г.:

Бела – погром, 8 убитых.

Белосток – продолжительный погром, 2 убитых.

Боим – погром, 17 убитых.

Глинянки – погром, 19 убитых, несколько женщин изнасиловано.

Дрогичин – погром, 15 убитых.

Кринки – погром, 14 убитых.

Луков – погром, 12 человек убито.

Отвоцк – погромы и изнасилования, продолжавшиеся несколько недель (в Отвоцке останавливались воинские поезда).

---

98 Мировая реакция и еврейские погромы. Том первый Польша. 1918–1922. Проф. И. Я Хейфец. Государственное издательство Украины 1925 г. С. 95–96.

99 Мировая реакция и еврейские погромы. Том первый Польша. 1918–1922. Проф. И. Я Хейфец. Государственное издательство Украины 1925 г. С. 102–103.

Плоцк – погром, 4 убитых. Казнь цадика Хаима Шапиро.

Ружан – 30 убитых.

Седлец – погром, 7 человек убито, 7 человек казнено, изнасилования.

Ягодно – погром, 3 убитых.

> **Англійская печать.**
>
> **Евреи въ Польшѣ.**
>
> „Манчестеръ Гардіенъ" помѣщаетъ замѣтку подъ заголовкомъ евреи въ Польшѣ. Несмотря на то, что Польша считается страной съ западной культурою въ ней сохранился типъ некультурнаго, не по европейски одѣтаго, и не по европейски мыслящаго еврея. Ничего не имѣя общаго съ поляками, но уже вѣками занимаясь торговлей, евреи, предметъ общей ненависти всего народа. Ихъ обвиняютъ въ паденіи курса, въ дороговизнѣ, въ ростовщичествѣ, но причина этой ненависти все-же главнымъ образомъ тотъ фактъ, что въ торговлѣ они довольствуются такой минимальной прибылью, что никто изъ торговцевъ другихъ національностей не можетъ конкурировать съ ними. Политическія націоналистическія партіи воспользовались этимъ, чтобы вести анти-семитическую компанію, подчеркивая, что евреи сплошь и рядомъ соціалисты, а всѣ соціалисты большевики. Положеніе евреевъ и до того тяжелое, стало теперь почти невыносимымъ. Евреи, не говоря о погромахъ, терпятъ ежедневныя мученія. Ни одинъ христіанскій работодатель не принимаетъ ихъ на работу, даже еврейскіе предприниматели часто не принимаютъ еврейскихъ рабочихъ, а еврейскіе соціалисты должны держаться отдѣльно въ своей организаціи „Бундъ".

Статья из газеты «Новая Россія» 08.08.1919 г.

На этом остановимся, поскольку нужна целая книга, чтобы описать все то, что тогда происходило в Польше.

В те же тяжелые дни с Бааль Суламом произошло событие, которое оставило неизгладимый след в его жизни...

Глава 24.
Тайный каббалист

Нельзя раскрывать тайны Торы массам: они начнут пренебрегать ими. Но каббалистам можно раскрывать, потому как стремятся познать все больше, как и ученые нашего мира, и хотя пренебрегают своими знаниями, но именно это вызывает в них стремление постичь еще не постигнутое. И потому весь мир создан для тех, кто стремится постичь тайны Творца.[100]

---

[100] М. Лайтман. Постижение Высших миров. LKP. Израиль 2016. С. 250.

В те дни, когда на Варшавских улицах расклеивались тексты антисемитского содержания, Бааль Сулам встретился с человеком, который полностью перевернул его жизнь. Об этой встрече и том, что за этим последовало, Бааль Сулам рассказал спустя десять лет в письме своему родственнику. Публикуем весь текст полностью.

10 тевета 1928 года, район Гиват Шауль, Иерусалим.

...Вы желаете знать, на чем построил я основы науки каббала, [для этого] нужно сидеть над каплей чернил семь чистых [дней].

Сам по себе я не нахожу себя обязанным сочувствовать Вам в этом горе, тем не менее, по причинам, которые я скрою, я собираюсь по мере возможностей ответить. И я расскажу Вам о ключевых [событиях], произошедших со мной от начала занятий до конца, благодаря которым я удостоился этой науки в милосердии Его.

В двенадцатый день месяца мархешван (18 октября 1918 г.), в пятницу утром, ко мне подошел один человек. Открылось мне, что он великий мудрец, чудное чудо в науке каббала и во всякого рода науках, и сразу же, когда он начал говорить, почувствовал я в нем и ощутил вкус заключенной в нем божественной мудрости.

И все слова свои [произносит он] с большим преувеличением и самовосхвалением. Вместе с тем я очень поверил [ему] – всем существом моим и чувством моим. И он пообещал мне целиком раскрыть науку истины, и я занимался с ним около трех месяцев каждую ночь после полуночи у него дома.

Глава 24. Тайный каббалист

И бо́льшая часть занятий была посвящена путям святости и очищения, однако каждый раз я уговаривал его раскрыть мне какую-нибудь тайну из науки каббала, и он начинал рассказывать начала вещей, но никогда не завершал их. И из-за этого я, естественным образом, испытывал глубокую тоску.

Пока однажды, после больших уговоров, он не завершил [раскрытие] мне одной тайны, и радости моей не было предела. И с этого момента я сам начал понемногу обретать [собственную] сущность, и в той мере, в которой росла моя сущность, в той же мере отдалялся от меня мой святой учитель, но этого я тоже не чувствовал.

И это продолжалось около трех месяцев, пока в последние дни я вообще не заставал его дома. Я искал его, но не находил. Тогда я почувствовал, что он действительно отдалился от меня, и очень огорчился, и начал я «вставать на верный путь».

А девятого числа месяца нисана утром я нашел его и долго умиротворял его по этому поводу, и тогда он снова примирился [со мной], совершенно как и раньше, и раскрыл мне большую и всеобъемлющую тайну по поводу «миквы, которую измерили и обнаружили недостаток [необходимого количества]», и радость моя, конечно, превзошла все ожидания.

Однако я видел по нему, что он, как будто, слабеет, и я больше не выходил из дома его, а назавтра, десятого нисана 5679 г. (четверг, 10 апреля 1919 г.) он скончался, да защитят нас его заслуги.

И величину моего горя невозможно передать пером, ведь сердце мое было полно надежды удостоиться мудрости и знания подобно «одному из стоящих».

И вот остался я тогда гол и нищ, и даже то, что я получил от него, забылось на время из-за великого горя. И, начиная с этого времени, «подняты были очи мои к небу» в безграничной тоске и стремлении, я не давал себе успокоения ни на один миг за весь день, пока не нашел я милости в глазах Создателя моего и Оплота, и заслуги моего святого учителя и учение его помогли мне, и сердце мое раскрылось в высшей мудрости, всё разрастаясь, как бьющий [из-под земли] источник. И еще, по милости Творца, вспомнил я все тайны, которые получил я от моего учителя. Благословен Творец, который оживил меня и даровал мне существование.

А как может такой нищий, как я, благодарить Его? Ведь с самого начала знаю я нищету свою – что нет у меня ума и разумения, даже чтобы благодарить и восхвалять Его огромные блага. Ибо «кто скажет Ему, что делать и как действовать»? А мой упомянутый святой учитель зарабатывал крупной торговлей и был известен всему городу как честный торговец, однако о науке каббала никто не знал о нем ничего вплоть до сего дня, и он не давал мне позволения раскрывать свое имя.

А теперь отвечу на остальные вопросы: зарабатываю я должностью рава. Но этого недостаточно и дополняю до необходимого всякими подработками, а главное, я очень доволен проживанием в Земле Израиля.

Я занимаюсь каббалой открыто перед всеми, скрыто обучаю некоторых духовным путям и общим знаниям. Открытой частью Торы я занимаюсь несколько часов в день, кроме преподавания

Законов учащимся моей Высшей равинатской академии «Бэйт ульпана ле рабаним».

В остальном, благодаря Всевышнему, все в порядке.

Йегуда Лейб

Глава 25.

Антиединство евреев Польши

О том, как конфликтовали между собой хасиды различных течений, а также о конфликте с митнагдим и к чему это приводило, мы уже говорили. То же самое происходило и на уровне еврейских партий и политических течений.

До начала Второй мировой войны в Польше существовало множество партий и движений. Все они непрерывно конфликтовали между собой.

Приводим список этих организаций с кратким описанием приоритетов.[101]

Агудат Исраэль – антисионистское религиозное движение. Год создания – 1912.

Мизрахи – религиозные сионисты. Год создания – 1902.

Ревизионисты – противники Всемирной сионистской организации. Год создания – начало 1920 гг.

Сионисты – противники религии, за внедрение иврита.

Хе-Халуц – сионистское движение, антирелигиозное. Начало – 1902 г.

Ха-Шомер ха-Цаир – антирелигиозные социалисты, сионисты, марксисты. Первый съезд – 1918 г.

Фолькистим – антирелигиозные, антисионисты, за идиш и за еврейскую культурную автономию в Польше. Образована в 1905 г.

Дрор – антирелигиозное, социалистическое, сионистское движение. Образована в 1917 г.

Бунд – антисионисты, антирелигиозные, за идиш, социалистическо-коммунистическая ориентация. Начал действовать с 90-х годов XIX века.

Ассимилянты – антирелигиозные, против национальной идентификации, приверженцы культуры и религии поляков.

---

[101] Virtual Shtetl. https://sztetl.org.pl/en

Глава 25. Антиединство евреев Польши

Уровень разрозненности и раскола евреев мы можем представить из того, что происходило на политической сцене Польши в 1936 г. В то время уровень антисемитизма зашкаливал, но даже это не способствовало единению евреев. На муниципальных выборах в комиссию еврейской общины Польши образовалось три равных блока: Агудат Исраэль, Сионисты и Бунд.

Было известно, что, если эти блоки не образуют коалицию, управление еврейской общиной Польши перейдет к полякам. Несмотря на это, еврейские партии не смогли преодолеть разногласия и контроль над евреями перешел специальному комиссару по еврейским вопросам в мэрии Варшавы...

> *Конфликт между добром и злом, который происходит в человеческом сердце, нигде не является таким острым, как в среде евреев. Нигде двойственная натура человека не выражена с такой силой и с такой трагичностью.*[102]

---

102 Черчилль У. С. Борьба за душу еврейского народа. Illustrated Sunday Herald. February 8, 1920, page 5.
http://zarubezhom.com/Churchill.htm

Глава 26.
На что только не способны евреи

Как было сказано выше, вплоть до начала XX века почти все духовные предводители еврейских общин в Европе были каббалистами. Затем ситуация кардинально изменилась и случилось то, что Бааль Сулам описал в своей статье «Предисловие к книге Зоар»:

> *Но если наоборот, человек из сынов Израиля возвышает и ценит свою внешнюю часть, которая является частью народов мира, что в нем, то его наружная часть возвышается, а сам он, то есть внутренняя часть, народ Израиля в нем, опускается. И тогда своими действиями приводит к тому, что наружная часть во всем мире (народы мира) возвышается над народом Израиля, повергая его в прах, и сыны Израиля, внутренняя часть мира, опускаются все ниже и ниже.[103]*

О степени духовного падения, которое пережил в те времена еврейский народ, мы можем представить на примере одной человеческой судьбы.

В 1900 г. в Лемберге (Львов), входившим тогда в Австро-Венгерскую империю в семье адвоката Акивы Вайса, происходившего из известной раввинской династии г. Черновцов, родился сын, названный Леопольдом.

Мальчик был очень способным. В 13 лет он прекрасно ориентировался в Танахе и Талмуде. Кроме родного немецкого и польских языков он хорошо знал иврит и был знаком с арамейским языком. К

---

[103] Бааль Сулам. Предисловие к Книге Зоар. Kitvei Baal Hasulam. ARI. Israel. 2009. P. 451.

20 годам он мог читать и писать на английском, французском, персидском и арабском языках.

Особенности его характера начали проявляться уже в юношеском возрасте. В 1914 г., когда началась Первая мировая война, он, будучи 14-летним подростком, убежал на фронт и даже каким-то образом сумел вступить в Австро-Венгерскую армию. Только благодаря усилиям отца его удалось вернуть домой.

Нужно заметить, его еврейские ровесники из противоборствующей стороны, тоже рвались на фронт. Например, из «ОБЪЯВЛЕНІЯ ВОЙСКАМЪ МИНСКАГО ВОЕННАГО ОКРУГА №2 от 6 января 1915 года» мы узнаем, что 13-летний гимназист из Гомеля Лев Шифрин бежал на фронт, чтобы воевать в рядах Российской армии против ее врагов.

После войны Леопольд поступил в университет, но недоучившись, уезжает в Берлин, чтобы начать самостоятельную жизнь и стать журналистом. Вначале дело не заладилась. Временные заработки перемежались бесплодными поисками, крайней нищетой и голодом. Но однажды удача ему улыбнулась. В Берлине он взял эксклюзивное интервью у жены М. Горького – Екатерины Пешковой, прибывшей с миссией сбора денег для голодающих Поволжья. Статья Вайса о происходящем в Советской России вызвала громкую сенсацию и на него посыпались выгодные предложения от лучших берлинских издательств.

В 1922 г. он, по приглашению своего дяди – психиатра, ученика Фрейда – приезжает в Палестину. Одновременно он начинает работать на виднейшую газету «Frankfurter Zeitung». В Подмандатной Палестине он ведет бурную жизнь. Среди прочего, спорит о сионизме с Хаимом Вейцманом и сближается с секретарем главного раввина Иерусалима р. Хаима Зоненфельда.

Якоб Исраэль де Хан – так звали этого выходца из Нидерландов, в свое время, прибыл в Палестину убежденным сионистом, однако впоследствии кардинально поменял свои взгляды. Прославился своим нетрадиционным отношением к арабским молодым людям и попытками заключить договор с арабами и англичанами в обход сионистов. В 1924 г. был убит. Считается, что это было первое политическое убийство современности в Земле Израиля.

Главный герой нашего краткого повествования Леопольд Вайс в качестве корреспондента газеты много ездил по Ближнему востоку. Знакомился и беседовал с мусульманскими религиозными и политическими лидерами Египта, Сирии, Иордании и других стран, а также выполнял их особые поручения. Он настолько проникся мусульманскими ценностями, что в 1926 г. принял ислам и взял новое имя – Мухаммад Асад.

Дальше углубляться в его биографию мы не будем и подведем краткий итог его деятельности. Мухаммад Асад, он же Леопольд Вайс, известен своими книгами, посвященными государственному управлению в исламских странах, а также лучшим переводом Корана на английский язык. Принимал активное участие в создании мусульманского государства Пакистан. Занимал должность полномочного министра Пакистана при ООН в Нью-Йорке. В Пакистане в честь него выпущена памятная марка. Во Львове – в городе, где он родился, открыт исламский культурный центр его имени, а площадь перед зданием ООН в Вене названа «Мухаммад-Асад-Плац»...

ооо

Судьба львовского еврея Леопольда Вайса (Мухаммада Асада) далеко не исключение. Подобные резкие перевороты мировоззрения произошли у тысяч евреев. Одни меняли веру отцов и становились религиозными авторитетами в вновь приобретенной религии, подобно Вайсу. Другие меняли не только веру, но и родителей, как старший брат революционера Якова Свердлова – Зиновий Свердлов, принявший православие и усыновленный Максимом Горьким. Впоследствии он под именем Зиновий Алексеевич Пешков становится корпусным генералом Франции, дипломатом и ближайшим другом генерала де Голля. Третьи подобно Пинхасу Рутенбергу, крестились, становились видными революционерами, а затем возвращались обратно в лоно иудаизма и начинали обустраивать Землю Израиля и защищать ее с оружием в руках...

ооо

Как мы писали ранее, евреи – это представители 70 народов мира. Однако это не просто некая сборная, собранная случайным образом. В свое время их избрал Авраам, или можно сказать иначе: они услышали зов своего сердца и присоединились к Аврааму. В любом случае эти люди несут в себе некий духовный потенциал, который и вынуждает их быть в постоянных поисках.

Проблема не в том, что тот или иной еврей достигает вершин на различных поприщах. Проблема в том, что каждый такой человек, независимо от того, понимает он это или нет, меняет не только свою жизнь, но и жизнь очень многих людей. Бааль Сулам высказывается по этому поводу очень категорично:

> *И не удивляйся, что один человек может вызвать возвышение или падение всего мира. Это нерушимый закон, согласно которому часть и целое равны, как две капли воды, и все совершающееся в целом, совершается также и в его части. И наоборот, совершаемое частями, происходит в целом, так как не проявится целое, пока не проявятся его части, соответственно своему количеству и качеству. Так что, несомненно, действие соответствующей части опускает или возвышает все целое.*[104]

---

104 Там же.

Глава 27.

Изменение реальности. Как это работает.

> Каббала говорит о человеке как о целом мире. То есть внутри человека находится все, что находится вокруг нас: вселенная, народы-желания, гои, праведники народов мира, Исраэль, Храм и даже сам Творец – духовная точка в сердце.[105]

---

[105] М. Лайтман. Постижение Высших миров. LKP. Израиль 2016. С. 136.

Для того, чтобы мысль «один человек может вызвать возвышение или падение всего мира» не повисла в воздухе, обратимся к каббалистической теории.

Дело в том, что человек раскрывает для себя мироздание из того, что он ощущает. Мы представляем собой закрытую коробочку, в которой есть пять отверстий – наши пять органов чувств. Что существует вне нас на самом деле мы не знаем. Мы улавливаем лишь наши реакции на происходящее снаружи. Мы так же, как любой измерительный прибор, реагируем на внешнее воздействие, вместе с тем, что именно воздействует на нас, мы не знаем.

Мои субъективные реакции обрабатываются и сравниваются в мозгу и представляются во мне в виде картинки мира, которая якобы находится снаружи.

> *Например, наш орган зрения позволяет нам видеть перед собой колоссально большой мир со всем его великолепием. А ведь в действительности мы видим не это, а только лишь то, что находится **внутри нас самих**. Другими словами, в затылочной части нашего мозга находится как бы фотоаппарат, рисующий там все, что мы видим, и ничего из того, что находится вне нас.*[106]

А вот дальше происходит невероятное. В тот момент, когда во мне накапливается информация о

---
[106] Бааль Сулам. Вступление к Книге Зоар. Kitvei Baal Hasulam. ARI. Israel. 2009. P. 112.

Глава 27. Изменение реальности. Как это работает.

моих реакциях на внешние раздражители, происходит инверсия, и я начинаю представлять себе нечто, находящееся вне себя.

Эффект искажения восприятия мы не замечаем, и нам это абсолютно не мешает. Нас интересует не то, каким образом мы ощущаем. Нас волнуют сами ощущения. Мы находимся в постоянной гонке за впечатлениями, несущими нам наслаждения, и в бегстве от тех, которые несут нам страдания.

У нас нет времени остановиться, осознать и почувствовать, что все, происходящее с нами, на самом деле происходит внутри нас. Это действительно трудно представить. Но весь тот огромный мир, который нас окружает, включая родителей и детей, сослуживцев и соседей, заводы и магазины, страны и материки, и даже весь космос с черными дырами и белыми карликами, находится внутри наших собственных ощущений.

Для того, чтобы ощутить то, что действительно находится снаружи, нам нужен дополнительный сенсор, который бы был по своим свойствам подобен тем силам, которые там действуют.

У каждого человека существует такой сенсор, но в зачаточном состоянии. Он называется «точка в сердце». С помощью этого сенсора можно выстроить внутри себя модель того, что находится вне нас и таким образом уловить «внешнюю волну», подобно тому, как это происходит в радиоприемнике.

«Точка в сердце», о которой мы упоминали много раз, проявляет себя в виде вопросов о смысле жизни и неугасающим стремлением найти ответ. Наука каббала, которую Авраам передал своим последователям, предназначена для того, чтобы дать ответы на эти вопросы.

Человек может и должен научиться получать информацию, находящуюся вне его «земных» органов чувств. Слово «каббала» в переводе с иврита – «получение». Каббала не занимается чудесами, с ее помощью человек настраивает свой находящийся в зачаточном состоянии дополнительный (шестой) орган чувств.

Каббалисты, войдя в ощущение внешней (высшей) информации открыли, что мы находимся под постоянным давлением альтруистической силы или поля, которая в обобщенном виде может называться Творец или Создатель. В зависимости от силы и формы давления эта сила может называться по-разному.

Как мы видим в радиоприемнике, который ловит все звуки, существующие в мире, ибо приемник не производит звуков, но звуки существуют в реальности мира, а до того, как у нас появился радиоприемник, мы не ощущали этих звуков, хотя они и существовали в реальности.

Так же можно понять, что «нет места свободного от Него», но нам нужен приемник. А приемником называется свойство слияния и **подобия по форме, являющееся желанием отдавать.** *И когда у нас будет этот приемник, мы тотчас же почувствуем, что «нет места свободного от Него», ибо «полна земля славой Его».*[107]

---

[107] Рабаш, 645. Из действий Твоих познали мы Тебя. 1939. כתבי רב"ש כרך ג.עמ. ARI. Israel. 2008.

Глава 27. Изменение реальности. Как это работает.

Суть в том, что эта сила вынуждает нас сблизиться с ней по свойствам. То есть, чтобы мы вышли из нашей индивидуальной «коробочки» или, иначе говоря, эгоизма и начали ощущать всю ту безграничную реальность, которая находится вне нас. Поскольку наше ограниченное рамками земных органов чувств состояние противоположно альтруистическому полю, в нас это альтруистическое поле воспринимается как страдание. Те, у кого «точка в сердце» более выражена, ощущают давление поля, а значит и страдания острее других. По сути, прежде всего от них зависит, чтобы в общее «кли», которое называется «Адам», где все люди изначально объединены, начал заходить высший свет Творца.

Адам Ришон представляет собой духовную конструкцию, состоящую из большого количества частей (желаний). Они все работали на общую душу, так же как клетки тела функционируют ради всего организма. Их объединяла цель – Творец, или высший свет. Когда Творец удалился, пропала цель, а значит, и причина объединения.

Общая душа распалась вначале на 600 000 отдельных душ-желаний, а затем еще и еще. Отдаление от Творца привело к тому, что каждая душа оказалась полностью самостоятельной и ощущающей только материальный мир.

Замысел творения был в том, чтобы все стали одним целым, чтобы выполнить желание Творца, как сказали мудрецы в Зоаре, что был Адам Ришон, который сказал всем творениям: «Давайте поклоняться и преклоняться, благословлять Творца, который сотворил нас», но из-за грехопадения (Адама Ришона) этого не получилось, и даже у лучших в поколении не было возможности объединиться вместе для работы Творца, а были только единицы.

И исправление этого началось в поколении раздора, когда произошло разделение в роде человеческом, то есть, чтобы началось исправление, люди должны были собраться в союз для работы Творца, и это началось с Авраама и его потомства, когда организовалось сообщество людей для работы Творца.

Авраам ходил и призывал именем Творца, пока не собралось вокруг него большое общество – люди дома Авраама. И это продолжалось и ширилось, пока не образовался народ Израиля.

Окончательное Исправление произойдет в будущем, когда все станут одним целым, чтобы исполнить Его желание.[108]

В заключение осталось лишь напомнить, что люди, у которых эта точка более выражена изначально –

---

108 שם משמואל". האזינו, ו' תורותיו של האדמו"ר ר' שמואל בורנשטיין מסוכטשוב (תרט"ז - תרפ"ו) על התורה ומועדי השנה. [Электронный ресурс]. URL: https://www.sefaria.org.il/Shem_MiShmuel%2C_Ha'Azinu.6.1?lang=he&with=all&lang2=he (Дата обращения: 06.08.2024).

Глава 27. Изменение реальности. Как это работает.

это те самые вавилоняне, собранные Авраамом, и названные в последствии евреями.

*Как сказано в Талмуде: «Все страдания приходят **в мир** только для Израиля», то есть, как сказано в «Тикуней Зоар»: они вызывают своими поступками голод, бедность, жестокость, унижение, убийства и грабеж во всем мире.*[109]

---

[109] Бааль Сулам. Предисловие к Книге Зоар. Kitvei Baal Hasulam. ARI. Israel. 2009. P. 453.

ЧАСТЬ ПЯТАЯ.
ЦЕЛЬ – ЭРЕЦ ИСРАЭЛЬ

Глава 28.

Пророчество Бааль Сулама.

Каббалист, заслуживший пророческое постижение Творца, сначала воспринимает Его своим физическим зрением или слухом и осмысливает, причем осознание увиденного дает полное познание, а воспринятое с помощью слуха дает осознание непознаваемости.[110]

---

[110] М. Лайтман. Постижение Высших миров. LKP. Израиль 2016. С. 248.

ЧАСТЬ ПЯТАЯ. ЦЕЛЬ – ЭРЕЦ ИСРАЭЛЬ

И было это в годы войны, в дни ужасного смертоубийства, и молился я и рыдал плачем великим всю ночь. И было это, когда восстало утро. И вот все люди мира, словно бы собрались воедино перед моим внутренним взором, и некто парит между ними в воздухе, меч его перед ним над головами их, и машет он в сторону голов их, и головы отлетают ввысь, а тела их падают в огромную расселину и превращаются в море костей.

И вот голос ко мне: «Я – Творец Всемогущий «Эль Шадай», правящий всем миром в великом милосердии. Протяни руку твою и возьми меч, ибо дал Я тебе сейчас силу и доблесть». И облачился в меня дух Творца, и взял я тот меч. И тут же пропал тот человек, и вглядывался я в место, где был он, но нет его. Меч же [остался] у меня в моем владении.

И сказал мне Творец: «Вознеси стопы свои и иди с родины своей в землю вожделенную, землю святых праотцов, и сделаю Я тебя там мудрецом большим и великим, и благословятся через тебя величайшие люди этой земли, ибо тебя избрал Я праведником и мудрецом всего этого поколения, чтобы исцелил ты беду человеческую надежным спасением. И меч этот возьми в руку твою и храни его всей душой и всей силой твоей, ибо знак это между Мной и тобой, что все эти благие вещи осуществятся через тебя. Ибо до сих пор не было у меня такого верного человека, как ты, чтобы передать ему меч этот. И потому разрушители делали то, что делали, а теперь любой разрушитель, когда увидит он меч Мой в руке твоей, тут же пропадет и исчезнет с лица земли».

И скрыл я лицо свое, ибо боялся смотреть в сторону говорящего со мной. А меч, который был перед

Глава 28. Пророчество Бааль Сулама.

моим внутренним взором, подобен простому железному мечу, как у ужасного убийцы, превратился, находясь у меня, в сверкающие буквы святого имени «Творец Всесильный» «Эль Шадай», блеск сияния которых наполнился светом и наслаждением, и спокойствием, дав уверенность всему миру. И сказал я в сердце своем: «Кто даст, чтобы обрел я для всех поколений мира от чистой капли с этого меча, ибо тогда познают они, что есть благо Творца на земле!»

И возвел я вверх очи мои, и вот Творец предстал предо мной и сказал мне: «Я – Всесильный, Всесильный отцов твоих, возведи вверх очи твои от места, на котором стоишь ты предо Мной, и узри всё мироздание, сотворенное Мной сущее из ничего, высших и нижних вместе, изначально – от начала сотворения их для раскрытия мироздания – и до всей протяжённости времён в порядке их развития, пока не дойдут они до завершения работы своей, как подобает делу рук Моих во славу Мою».

И узрел я и возрадовался весьма прекрасному творению и всему наполняющему его, и наслаждению, и благу, которое испытывают все живущие на земле, и возблагодарил я Творца.

И тогда сказал я Творцу: «Тебе служить будем мы в трепете и страхе, и будем благодарить имя Твое вечно, ибо от Тебя не может исходить зло, а добро – безусловно. Цепь наслаждения раскинулась перед нами от начала и до конца, и счастливы ступающие по миру Твоему, для коих уготовил Ты удовольствие и наслаждение, и все блага. Нет ничего путанного или кривого во всем творении рук Твоих, как в высших, так и в нижних, вместе». И наполнился я прекрасной мудростью. А более всего – абсолютной мудростью постижения Творца. И так прибавлял я мудрость каждый день, «многие дни – сто восемьдесят дней».

В эти дни возникло в сердце моем желание молиться Творцу и сказать: «Хоть и преисполнился я мудрости более всех предшественников, и нет в мире ничего, что удивило бы меня, однако слов пророков и мудрецов Творца не понимаю я совершенно, также и святых имен в большинстве своем не понял я. И пребывал я в сомнениях: ведь Творец обещал мне мудрость и знание, вплоть до того, что стану я образцом для подражания среди мудрецов и творений, а я до сих пор не понимаю речей их».

И не успел воззвать я, как Творец уже возник надо мной и говорит: «Узри же, что мудрость твоя и постижение твое много выше всех мудрецов, живших на земле доселе. А то, что просил ты у Меня, и не дал Я тебе, – зачем же тебе огорчать дух свой пониманием пророчеств, не удовлетворяясь тем, что слова их произнесены из меньших, чем твое, постижений? Захочешь ли ты, чтобы опустил Я тебя со ступени твоей, и сможешь ты понять все слова их, как есть?»

И умолк я и радовался в гордыне великой, и не отвечал ничего. И после этого спросил я Творца: «Но ведь до сих пор не слышал я ничего о существовании моего тела, а все блага и обещания приходили ко мне лишь из духовного и для него предназначались? А если так это, что же будет, если по причине какой-либо болезни или телесного повреждения, спутается разум мой и согрешу я пред Тобой? Отстранишь ли ты меня от лика Своего, и пропадет всё это благо, или накажешь Ты меня?»

Глава 28. Пророчество Бааль Сулама.

И поклялся мне Творец именем Своим великим и ужасным, и престолом Своим вечным, что не ослабеет милость Его ко мне вовеки. Согрешу ли я или не согрешу, милость Его и святость Его не уйдут от меня никогда. И услышал я, и возрадовался очень. (Ведь пришел ты уже к своей конечной цели, и все прегрешения твои простил Я, и милосердие это).

И по прошествии этих дней относился я с превеликим вниманием ко всем обещаниям и заверениям, предоставленным мне Творцом, но не находил я в них удовлетворения и языка, на котором говорить с населяющими этот мир, чтобы привести их к желанию Творца, которое сообщил Он мне. И не мог я сдерживаться, ходя между людьми, не наполненными ничем и возводящими напраслину на Него и на Его творение. А я, сытый и воздающий хвалу, хожу и радуюсь, как будто насмехаясь над этими несчастными. И тронули меня эти вещи до самого сердца. И тогда возникло согласие в сердце моем: будь, что будет, пусть даже сойду я с высокой ступени моей, обязан я излить горячую молитву Творцу, чтобы дал Он постижение и знание в пророчествах, и мудрость, и язык, чтобы помог я несчастным жителям мира и поднял их на высоту мудрости и наслаждения, какая есть у меня. И хотя знал я с того времени, что нельзя мне омрачать дух свой, всё же не смог я удержаться и излил речь [свою] и молитву горячую очень.

И было утром, и возвел я очи мои, и увидел, как «Сидящий в небесах смеется» надо мной и над словами моими. И сказал Он мне: «Что видишь ты?» И сказал я: «Вижу я двух людей, которые борются друг с другом. Один – умный и совершенный во всех отношениях, другой – маленький и глупый, как новорожденное дитя. И второй, неразумный, маленький и слабый, повалил совершенного богатыря».

И сказал Он мне: «Этот маленький большим будет».

И раскрыл малыш уста свои и сказал мне какие-то фразы, непонятные мне в полной мере. Однако почувствовал я в них все сокровища мудрости и пророчества, присутствующие у всех истинных пророков. Пока не познал я, что Творец ответил мне и открыл мне пути среди всех пророков и мудрецов Своих.

И сказал мне Творец: «Встань на ноги и посмотри в восточную сторону, на восток». И возвел я очи мои и увидел, что малыш тот в один миг возвысился и уравнял себя и свой рост с тем большим, однако всё еще недоставало ему ума и соображения, как и раньше, и был я поражен весьма.

После этого было слово Творца ко мне в видении, и сказал Он: «Ляг на правый бок». И лёг я на землю. И сказал Он мне: «Что видишь ты?»

И сказал я: «Вижу я народы и многочисленные племена, возвышающиеся и исчезающие, и теряющие облик человеческий».

И сказал мне Творец: «Если сможешь ты придать форму всем этим народам и вдохнуть в них дух жизни, приведу Я тебя в землю, которую поклялся Я твоим праотцам дать тебе, и все Мои обещания исполнятся через тебя».

○○○

Мы не будем комментировать пророчество Бааль Сулама. Лишь обратим внимание на несколько моментов. В тексте есть такие слова:

Глава 28. Пророчество Бааль Сулама.

> *...И сказал мне Творец: «Вознеси стопы свои и **иди с родины своей** в землю вожделенную, землю святых праотцов».*

Обращает на себя внимание тот факт, что этот текст имеет сходство с текстом в Торе, где Творец предлагает Аврааму отправиться с высокой миссией в Святую Землю. Отсюда можно предположить, что величие миссии Бааль Сулам сравнимо с миссией Авраама. Также, можно утверждать, что это событие произошло с Бааль Сулам в Польше не позднее 1921 г., когда он оставил место своего рождения и прибыл в Святую Землю.

К этому можно добавить, что период в 180 дней указанных в Пророчестве совпадает со временем в 6 месяцев, в течение которых Бааль Сулам общался со скрытым каббалистом. Возможно, именно в те дни это Пророчество и появилось. Само число 180 дней очевидно тоже имеет определенный смысл, поскольку таким же точно образом она сформулирована в «Мэгилат Эстер» в контексте великолепия царства Ахашвероша.

Из других источников известно, что в 1919 г., как раз после учебы у тайного учителя, Бааль Сулам начал готовиться к отъезду в Землю Израиля и, как мы видим из «Пророчества», этому решению предшествовали совершенно конкретные обстоятельства...

Глава 29.

Подготовка к отъезду

Если хотя бы один каббалист с истинным духовным восприятием ума и сердца поведет за собой человечество, все смогут прийти к цели творения не путем страданий, а легким и безболезненным путем Торы![111]

---
111 М. Лайтман. Постижение Высших миров. LKP. Израиль 2016. С. 181.

ЧАСТЬ ПЯТАЯ. ЦЕЛЬ – ЭРЕЦ ИСРАЭЛЬ

Как известно, Авраам отправился в Обетованную землю не один, за ним последовали тысячи людей. Бааль Сулам тоже, подобно Аврааму, стал собирать вокруг себя людей, готовых идти за ним, чтобы присоединиться к его миссии. О какой миссии идет речь?

Об этом мы можем судить по его работам, а также по тем действиям, которые он предпринимал во время своего нахождения в Эрец Исраэль. Об этом мы будем еще очень много говорить, а пока приведем одну цитату из его произведения, которая проливает свет на цель его многочисленных усилий.

> *А после того, как весь народ единогласно согласился, сказав: «Сделаем и услышим», каждый человек из Исраэля стал поручителем за то, чтобы ни у кого из народа не было недостатка ни в чем, и тогда они стали достойны получения Торы, но не ранее.*
>
> *Потому что в этом общем поручительстве избавляется каждый человек из народа от всех забот о нуждах своего собственного тела и может исполнять заповедь «Возлюби ближнего, как самого себя»*[112]
>
> *Слово «Тора» имеет несколько значений. От слова «ораа»*[113] *(инструкция) и от слова «ор» (свет).*

Как было сказано раньше, чтобы открыться высшему свету, находящемуся вне нашего эгоистического существования, необходимо создать для этого соответствующие условия. Речь идет о построении

---
[112] Бааль Сулам. Поручительство. Kitvei Baal Hasulam. ARI. Israel. 2009. P. 392.
[113] Бааль Сулам. Письма. Письмо 11. 1925 г. Kitvei Baal Hasulam. ARI. Israel. 2009. P. 699.

Глава 29. Подготовка к отъезду

альтруистической модели общества, живущего по принципу «Возлюби ближнего как себя».

Поэтому Бааль Сулам начал подготовку к отъезду на родину предков с построения такого общества. Для этого он организовал группу из 300 человек.[114]

В период с 1915 г. по 10 ноября 1918 г. Польша была оккупирована Германией. После провозглашения независимости 6 октября 1918 года Польская республика воевала с Германией, РСФСР, Украинской Народной республикой, Западно-Украинской Народной Республикой, Белорусской Народной Республикой, Чехословакией и Литвой. Огромные территории в стране и вне ее были охвачены боевыми действиями и всем тем беспределом, который всегда сопутствует войне. Тяжело даже представить, как в такое время Бааль Сулам собирался переправить такую большую общину.

Тем не менее подготовка шла полным ходом. Люди обучались необходимым для переселенцев профессиям, было куплено оборудование для обработки кожи и производства мыла, и даже заказаны модульные домики в Швеции. Однако все это в одночастье прекратилось. Религиозные круги Варшавы из опасения светского влияния в Палестине были против репатриации. Они начали преследовать будущих переселенцев, что привело в итоге к распаду группы.

Между тем евреи из разрушенных мировой войной империй, воодушевленные декларацией Бальфура, а также спасаясь от антисемитских гонений, устремились в Палестину. Это естественным образом еще больше увеличило напряжение, существовавшее между арабским и еврейским населением.

---

114 אהרן סורסקי. המודיע עמ' ה' יום ג' ט' תשרי מ"ו

В начале апреля 1920 г. во время мусульманского праздника Неби Муса произошел погром в Иерусалиме. Было убито 6 евреев, более 200 человек ранено, две девушки были изнасилованы, и все это сопровождалось поджогами и грабежами.

Погром потряс евреев всего мира, поскольку произошел на родине предков в Палестине, с которой евреи так мечтали связать свое будущее. Еврейское население – ишув, предвидел надвигающуюся катастрофу и для того, чтобы наладить оборону была создана особая военная организация Хагана (ивр. – оборона, защита). Среди ее организаторов выделялись видный сионист-ревизионист Владимир Жаботинский и наш знакомый Пинхас Рутенберг. По результатам этих событий В. Жаботинский был арестован и осужден на 15 лет каторжной тюрьмы. П. Рутенберг написал письмо В. Жаботинскому, находящемуся в тюрьме Акко.

Публикуем большой отрывок из этого письма, поскольку поднятые там темы тесно перекликаются с тем, что происходит сегодня в Израиле.

> *Вы знаете, что я во многом, очень многом не согласен ни с Ваад – Гециримом[115], ни с Вейцманом, ни с другими нашими лидерами. Знаете, давно уже. И внешнюю и внутреннюю политику их считал и считаю неправильной. Часто очень вредной и губительной для нас.*

---

115 Ваад-Гецирим (ועד הציצירים) – Сионистская комиссия. Сформирована в 1918 г. после обнародования «Декларации Бальфура». Председатель – Хаим Вейцман. Главная цель организации – заложить основу для построения еврейского национального дома в Эрец Исраэль.

Глава 29. Подготовка к отъезду

Но положение наше исключительно опасное. Трагическое. Одной критикой его не изменить. Единственное наше спасение в организации существующих у нас сил для практической, реальной работы. Покуда такой снизу сорганизованной, реальной силы не будет, у нас не будет других лидеров, других учреждений и быть не может.

В нормальное время можно (и надо) позволить себе откровенность о далеко не совершенных достоинствах лидеров наших. В теперешнее военное время перед лицом опасности, перед лицом могущественных, раздраженных и озлобленных против нас врагов, этого делать нельзя. Нельзя компрометировать даже плохих наших лидеров, даже плохие учреждения.

Покуда не собраны силы, покуда нет практической возможности старое заменить новым, более или менее лучшим и работоспособным, нельзя деморализовать массы. **Вносить в них разврат, анархию, отчаяние, или самое худшее – самообман.**

Выдавать в такое **время такие тайны – значит себя озлоблять и врагов наших укреплять. Самое страшное преступление военного времени.**

Мы не знаем видел это письмо Бааль Сулам или нет. Вместе с тем известно, что события, происходившие тогда в Палестине, регулярно освящались в прессе. Поэтому те взаимные дрязги и тот раскол, которым был охвачен ишув, ему были хорошо известны. Как показывают последующие события, никаких выводов из произошедшего евреи Палестины не сделали...

Глава 30.

Природа не прощает

Мы и сегодня еще находимся в галуте (изгнании), о чем свидетельствуют и наши уступки соседям, и бегство молодежи из страны, и наша жажда подражать всему миру.

Но не найдем спокойствия, пока не вознесем надо всем наше высшее предназначение – духовное освобождение как нас самих, всего народа, так и всего человечества.[116]

---

[116] М. Лайтман. Постижение Высших миров. LKP. Израиль 2016. С. 251.

Выше мы описывали, насколько евреи Польши конфликтовали между собой, что называется, на всех фронтах. В Палестине, куда готовился переехать Бааль Сулам, обстановка осложнялась еще тем, что туда съезжались евреи разных стран, наделенные своими особыми обычаями и ментальностью. В таких условиях создать что-то единое становилось задачей, которая по сложности не уступала, а возможно и превышала то, с чем столкнулся в свое время Моше.

Однако самая большая проблема заключается в том, что евреи полностью отключены от понимания, что междоусобные конфликты – это не внутреннее еврейское дело. Они отражаются на всем человечестве, как мы уже объяснили выше.

> *Израиль должен существовать не в качестве обособленной части человечества, а в качестве всеобщего духовного достояния, в котором должны собраться воедино все индивидуальные различия, для того чтобы возвыситься вместе с ним, повлиять на него и подвергнуться его влиянию...*[117]

Творец или, если хотите, природа, реагируют на это достаточно жестко и быстро. События 1921 г. в подмандатной Палестине наглядно это иллюстрируют.

---

117 Рав Авраам Кук. Философия иудаизма. Избранные статьи. /Пер. О. Балаги. Иерусалим: АМАНА. 1991. С. 73.

Глава 30. Природа не прощает

> *И для того, чтобы не понадобилось в дальнейшем пользоваться этими двумя названиями: природа и Управляющий, – как я уже доказал, нет никакого различия в выполнении их законов, – то нам лучше прийти к более глубокому сопоставлению и принять мнение каббалистов о том, что числовое выражение слов «природа» и «Элоким» (одно из имен Творца) одинаково и составляет 86. И тогда законы Творца можно назвать заповедями природы, и наоборот, так как это одно и то же. И незачем больше пустословить.*[118]

В ночь на 30 апреля 1921 г. Еврейская коммунистическая партия распространила листовки на арабском, идише и иврите с призывом свергнуть британское правление и создать Советскую Палестину. Утром 1 мая парад сторонников коммунистической партии двинулся из Яффо в Тель-Авив.

В это же время другая еврейская партия, на этот раз социалистическая, Ахдут Ха-Авода, тоже организовала свой парад. Он был приурочен к 1 маю – международному празднику солидарности трудящихся.

Когда два этих шествия встретились началась массовая драка. Беспорядки дошли до близлежащих районов, населенных арабами. Те, недолго думая, вооружившись ножами, мечами, дубинками и огнестрельным оружием набросились на демонстрантов обеих группировок.

Вскоре побоище переросло в погромы. Вначале громили еврейские магазины и случайных прохо-

---

118 Бааль Сулам. Мир. Kitvei Baal Hasulam. ARI. Israel. 2009. P. 406–407.

жих, а затем начали грабить и убивать евреев в их домах. Не жалели ни женщин, ни детей. Нескольким жертвам расколи черепа.

Погромы продолжались несколько дней и дошли до Реховота, Кфар-Сабы, Петах-Тиквы и Хедеры. Чтобы остановить бойню, британцы, кроме наземных войск, задействовали даже самолеты, которые сбрасывали бомбы на погромщиков. Помимо этого, в качестве подкрепления в порты Яффо и Хайфы были направлены несколько эсминцев.

Окончательный итог: погибло 47 евреев и 48 арабов. Ранено 140 евреев и 73 араба.

Глава 31.

Ненависть до последнего человека

> *Кто он, герой среди героев? Тот, кто ненавистника своего обращает в любящего.*[119]

---

[119] Рабаш. И сталкивались сыны в утробе ее. כתבי רב"ש כרך א.עמ.89 ARI. Israel. 2008.

Для того, чтобы лучше прочувствовать, какую задачу по объединению еврейского народа взялся решать Бааль Сулам, а также чтобы увидеть, на что способны евреи со стороны антиобъединения, сделаем небольшое отступление от основной канвы. Познакомился с одной невероятной и одновременно вопиющей историей, которая произошла относительно недавно в Афганистане.

В этой стране когда-то проживала большая еврейская община. Евреи появились там очень давно – около 2500 лет назад. Считается, что они попали в туда после распада Иудейского царства в 586 г. до н. э. В начале XX века евреи начали переезжать в Палестину. К концу 40-х годов в Афганистане оставалось около 5 000 евреев. В конце 90-х в столице страны – Кабуле осталось лишь два еврея, и о них пойдет речь.

Одного из оставшихся евреев звали Звулон Симантов (זבולון סימן-טוב), он родился в 1959 г., а второго Ицхак Леви. Когда родился он, точно не известно. Мы знаем только то, что он был намного старше Звулона.

Ицхак Леви зарабатывал на жизнь целительством. Жил он очень скромно, хотя пользовался известностью и к нему приезжали больные даже из Пакистана. Симантов был зажиточным человеком, он занимался торговлей ковров и ювелирных изделий.

Всех, кто их знал, а их знали хорошо даже власти Талибана, поражала та невероятная, неугасающая ненависть, которую они питали друг к другу. Самое поразительное заключалось в том, что они оба жили в одной и той же полуразрушенной синагоге.

Глава 31. Ненависть до последнего человека

Люди, жившие, по сути, под одной крышей, в окружении враждебного окружения вместо того, чтобы поддерживать друг друга, с утра до вечера ругались и строили планы как навредить соседу.

В 1998 г. Леви отправил министру внутренних дел Талибана послание, где обвинил Симантова в краже еврейских реликвий. В свою очередь Симантов сообщил талибам, что Леви организовал тайный бордель и продажу там алкоголя.

В 2002 г. Симантов сообщил The New York Times: «Я с ним не разговариваю, он дьявол... собака лучше него... У меня не так уж много претензий к Талибану, но у меня много претензий к нему».

В свою очередь Леви, в документальном фильме «Cabale à Kaboul», снятом бельгийским режиссером Даном Алексем (Dan Alexe) жалуется, что Симантов относится к нему хуже, чем к собаке.

Есть информация, что оба обращались к властям Талибана с обвинениями соседа в сотрудничестве с Моссадом. Одновременно с этим, они поносили друг друга за получение денег от Талибана, полученных за слежку и доносительство. Также известно, что их «деятельность» настолько надоела властям, что даже однажды обоих бросили за решетку. Впрочем, скоро их оттуда выгнали за драку между собой. Когда в 2005 г., на радость Симантова, его противник Леви скончался, полиция сразу же заподозрила Симантова в его убийстве.

Все эти события настолько потрясли британского драматурга Джошема Гринфилда Josh Greenfeld, что он написал пьесу "The Last Two Jews of Kabul", поставленную на сцене Нью-Йорка.

О том, когда и почему началась их вражда, точно не известно. Говорят, что их спор возник из-за права на владение свитком Торы. По другой версии, они поругались из-за главенства в синагоге. Есть также мнение, что их ненависть находилась в плоскости религии.

Так это или не так, на самом деле не имеет никакого значения. Два одиноких еврея, последних во всем Афганистане, оторванных от семей, находящихся в Израиле, не находили ничего лучшего, чем наполнять свою жизнь ненавистью к товарищу по несчастью.

Как уже говорилось раньше, ясных, явных причин этих отношений между стариком Леви, и его молодым оппонентом Звулоном установить не удалось. Очень похоже на то, что они сами тоже не очень понимали, почему так происходит. В фильме есть очень впечатляющая сцена, когда старик Леви в отчаянии умоляет Звулона прекратить его донимать: «Я ведь так хорошо относился к твоей матери, отцу и братьям, – с горестью добавляет он» …

Оставим эту историю без комментария.

# Глава 32.
Что ждут от евреев

Бааль Сулам готовился к своей миссии не на пустом месте. Впервые после двухтысячелетнего изгнания народа начался видимый всем процесс восстановления еврейского государства. Политическая обстановка в мире, репатриация евреев, появление собственных национальных институтов, финансовая поддержка – все это указывало что пророчества, которые прозвучали тысячи лет тому назад, начинают сбываться.

Одновременно с этим о высокой миссии еврейского народа заговорили философы, ученые, политические и государственные деятели, как евреи, так и не евреи.

Вот что высказал великий Альберт Эйнштейн в 1923 году.

> *Я убежден, что наша поселенческая деятельность в Палестине принесет успех и мы создадим тесно спаянную общину. Ей предстоит стать **моральным и духовным центром** еврейского народа. Именно в этом, а не в экономической стороне дела, я вижу подлинное значение работы по возрождению Палестины.*
>
> *На мой взгляд, не столь важна экономическая независимость Палестины, сколь ее переход в **категорию высокой духовной и моральной ценности** для всего еврейского народа.*[120]

Депутат Государственной думы России Василий Шульгин, человек, сам себя назвавший антисемитом, в 1928 г. написал следующие строки:

---
[120] А. Эйнштейн. О сионизме. Библиотека Алия. 1991. С. 60.

Глава 32. Что ждут от евреев

> *Так будет и с евреями. Пусть по **существу**, они подымутся на ту высоту, на которую по видимости взобрались благодаря своей силе, силе воли. Пусть сделают не луну, а Солнце Правды. И немедленно все народы бросятся к их ногам; бросятся не в силу принуждения, как раб угодливый и лукавый (берегитесь сего лукавства!), а вольной волей, радостные духом, благодарные и любящие. В том числе и русские. Мы сами будем просить: дайте нам еврейское правление, мудрое, благостное, ведущее нас к Добру. И будем ежедневно мы возносить за них, за евреев, мольбы:*
>
> *«Благослови наших наставников и учителей, ведущих нас к познанию Блага...»*[121]

Таким образом, осознано или нет, народы мира ждали и ждут до сих пор именно от еврейского народа примера, поскольку он, по сути, представляет собой все человечество. В Книге Зоар говорится:

> **Исраэль сами по себе соответствуют всем народам, живущим в мире**[122].

---

[121] В. В. Шульгин. Что нам в них не нравится? С.-Петербург. Издательство «Хорс». 1992. С. 219.
[122] Zohar for All. Kabbalah Publishers. Israel. 2014, vol. 4. P. 33.

Глава 33. Обстоятельства отъезда

Среди тех народов не найдешь ты покоя, и не будет отдыха ногам твоим.[123]

---

[123] Тора, Дварим, 28:65.

ЧАСТЬ ПЯТАЯ. ЦЕЛЬ – ЭРЕЦ ИСРАЭЛЬ

Через четыре месяца после первомайского погрома 17 октября 1921 г. в первый день праздника Суккот по трапу корабля Gastein Бааль Сулам сошел в Яффском порту.

В списке пассажиров корабля, на котором было около 200 пассажиров, мы находим семью Ошляк.

Ривка – 34 года
Лейб – 36 лет
Шломо – 12 лет
Давид – 11 лет
Блюма – 3 года (в 1934 г. – Двора)
Шева – 8 месяцев
Всего 6 человек.

Известно, что у Бааль Сулама и у его жены Ривки было всего 11 детей. Одна дочка умерла в младенчестве. Свидетельство о ее смерти мы выставляли в начале книги. Двое детей родились после пере-

Глава 33. Обстоятельства отъезда

езда в Палестину. Трое детей остались в Польше. Остальные пятеро приехали в Палестину с родителями. Однако в списке мы видим лишь четверых. В списке отсутствует старший сын Бааль Сулама – пятнадцатилетний Барух, которому в будущем предстояло стать знаменитым каббалистом Рабашем.

Этот вопрос, а также еще несколько дополнительных вопросов, возникающих в связи с этим списком, пока оставим в стороне и поговорим об обстоятельствах переезда.

По данным некоторых авторов, Бааль Сулам на момент отъезда находился в очень стесненных финансовых обстоятельствах. Это было вызвано тем, что в результате конфликта, связанного с его действиями по подготовке группы потенциальных репатриантов, он лишился своей работы в раввинате Варшавы. Утверждают, что конфликт усугубился еще тем, что Бааль Сулам бурно оспаривал их решение, утверждая, что на евреев в Европе надвигается большая опасность.

У нас в распоряжении нет документальных свидетельств этих споров, как нету и тех аргументов, которые возможно использовал Бааль Сулам. Однако ощущение опасности, надвигающейся на еврейский народ, витало, что называется в воздухе. Мысли по этому поводу озвучивались известными людьми в прессе и на высоких форумах.

Так, в 1919 г. бывший губернатор штата Нью-Йорк Мартин Глинн[124] в своей статье «Распятие евреев

---

[124] Мартин Генри Глинн (Martin Henry Glynn) (1871–1924) – американский политик. Губернатор Нью-Йорка с 1913 по 1914 год.

должно прекратиться!» в журнале «Американский еврей»[125], в частности, написал:

> *В этой катастрофе, в которой шесть миллионов людей уносятся к могиле жестокой и беспощадной судьбой, только самые идеалистические позывы человеческой природы должны руководить сердцем и действием... Под угрозой холокоста человеческой жизни ... мы должны забыть все различия ...*

Еще раньше, в 1911 г., подобную мысль озвучил Давид Вольфсон – глава Еврейского колониального банка и ближайший соратник Теодора Герцля. В качестве президента 10-го Всемирного сионистского конгресса он выступил со вступительной речью, где произнес следующее:

> *Если мы посмотрим назад на общее положение нашего народа за последние четырнадцать лет, то не видим никакого улучшения, а скорее существенное ухудшение!*
>
> *В России, где проживает половина нашего народа, шесть миллионов евреев до сих пор стонут под страшным невыносимым давлением. Ситуация там ухудшилась до такой степени, что стала невыносимой, а перспективы на будущее крайне мрачны.*

(напомню, что Польша в 1911 г. входила в состав Российской империи)

---

[125] The American Hebrew от 31 октября 1919 года: [Электронный ресурс]. URL: https://traditio.wiki/files/5/58/CrucifixionOfJewsMustStop_page1.jpg (Дата обращения: 17.07.2024).

Глава 33. Обстоятельства отъезда

Как бы там ни было, но развал группы и погромы в Палестине никак не повлияли на решение Бааль Сулама отправиться в Эрец Исраэль. Очевидно, что денег все-таки для переезда всей семьи было недостаточно, поэтому оставив троих детей в Польше, Бааль Сулам отправился в путь.

Глава 34.
Отъезд в Эрец Исраэль

И возьму вас из народов, и соберу вас из всех стран, и приведу вас в землю вашу. И окроплю вас водою чистою, и очиститесь вы от всей скверны вашей; и от всех идолов ваших очищу вас. И дам вам сердце новое, и дух новый вложу в вас. И удалю из плоти вашей сердце каменное, и дам вам сердце из плоти. И дух Мой Я вложу в вас; и сделаю, что законам Моим следовать будете и уставы Мои соблюдать будете и поступать по ним.[126]

---

[126] Пророки, Йехезкель, 36:24-27.

ЧАСТЬ ПЯТАЯ. ЦЕЛЬ – ЭРЕЦ ИСРАЭЛЬ

Бааль Суламу и его семье предстоял нелегкий путь. Из Польши он должен был добраться до порта в городе Триест, а оттуда уже на корабле в Эрец Исраэль.

До первой мировой войны Триест входил в состав Австро-Венгерской империи. В 1920 г. порт отошел в пользу Италии. Порт Триеста в то время в еврейской среде назывался «Шаар Цион» (Ворота Сиона), потому что это был основной порт, откуда новые репатрианты из Европы направлялись в Святую Землю.

Из справочников известно, что корабль шел из Триеста в Яффо пять дней. Корабль отплывал каждую среду и приходил в понедельник утром.

Поскольку Бааль Сулам с семьей прибыл в порт Яффо в понедельник 17 октября 1921 г., значит, он отплыл из Триеста в среду 12 октября 1921 г. Когда он с семьей прибыл в Триест и сколько времени там находился, неизвестно.

Глава 34. Отъезд в Эрец Исраэль

Корабль «Gastein», на котором Бааль Сулам с семьей прибыл в Яффо, был достаточно большой и новый. Он был построен в 1910 г. для Австро-Венгерского ВМФ. На борту вместе с семьей Бааль Сулама находилось около 200 пассажиров.

Чтобы доехать до Триеста, надо было пересечь границы нескольких государств. Прежде всего нужно было доехать до города Петровици-Велики (пол. Pietrowice Wielkie), где проходила граница Польши с Чехословакией. Один железнодорожный билет стоил 2400 польских марок. Оттуда нужно было доехать до чешского города Лунденбург, ныне Бржецлав. Билет стоил 50 чешских крон. Потом продолжить путь уже через Австрию и заплатить 600 австрийских крон. Последний железнодорожный переход до Триеста стоил – 35 итальянских лир.

Чтобы получить хоть какое-то представление о покупательной возможности тогдашних польских денег, могу сказать, что выходящая в 1921 г. в Варшаве газета[127], в которой указаны эти расценки стоила 40 польских марок.

---

127 עמוד 4 המזרחי, 10 נובמבר 1921 Газета Мизрахи (ивр)10.11.1921.

Отъезд евреев из Варшавы в Палестину в 1925 г.

На этом расходы еще не заканчивались. Оказывается, что в Вене и в Триесте нужно было проходить карантин. За нахождение в карантине нужно было уплатить отдельно 5 000 австрийских крон и 35 итальянских лир соответственно. Сколько времени занимал карантин и сколько денег стоило проживание, нам неизвестно. Однако все это вместе взятое составляло лишь небольшую часть общих затрат.

Основные расходы приходились на визы – 8 фунтов и билет на корабль Триест – Александрия – Яффо – 5 фунтов. На всякий случай уточню, что все вышеперечисленные выплаты относятся к переезду одного взрослого человека.

Для понимания, о каких деньгах идет речь, укажем, что в 1920 г. в Англии за 13 фунтов можно было купить корову!

ооо

Глава 34. Отъезд в Эрец Исраэль

«Потянуть» такие расходы Бааль Суламу, конечно было очень и очень тяжело. С другой стороны, ехать он был должен, поскольку ощущал на себе тот груз ответственности, который был на него возложен. Опережая события скажу, что этот груз он нес, не останавливаясь всю жизнь.

Как было сказано уже много раз, своей первостепенной задачей он считал объединение народа Израиля, и начать это делать нужно было как можно скорее. Очевидно, исходя из всего этого он и пришел к тяжелому решению – оставить часть семьи в Польше. Тому, что произошло после его переезда в Эрец Исраэль, будет посвящена отдельная книга, а сейчас перейдем к эпилогу.

С поступками Израиля связал Всевышний исправление всего Творения и его возвышение.[128]

---

[128] Рамхаль. Даат Твунот 11. 278. [Электронный ресурс]. URL: https://toldot.com/articles/articles_17203.html (Дата обращения: 5.08.2024).

ЭПИЛОГ ПЕРВОЙ КНИГИ

Земные евреи и гои, Эрец Исраэль и земли изгнания – есть не что иное, как следствие духовных альтруистических и эгоистических сил. В той мере, в какой мы подчиняемся нашему телу, в той же мере вынуждены будем подчиняться другим народам.[129]

---

[129] М. Лайтман. Постижение Высших миров. LKP. Израиль 2016. С. 60.

В наши дни

Эти строки пишутся в дни, когда Израиль продолжает воевать в Газе с Хамасом, ведет вооруженную конфронтацию с Хезбаллой в Ливане и Сирии, с Ираном, с хуситами в Йемене, с иракской милицией, с палестинскими террористами в Иудее и Самарии.

Современная обстановка в Израиле очень напоминает события Пурима. Это состояние называется на иврите «мевуха» – то есть растерянность, беспомощность, путаница. Это случилось после того, как тогдашний правитель Персидской империи Ахашверош выпустил приказ о тотальном уничтожении еврейского народа. С тех пор ничего не изменилось. Достаточно вспомнить, что Персия – это современный Иран, который объявил своей целью – уничтожение Израиля.

Как тогда, так и сегодня народы планеты Земля тем или иным образом выражают свое желание освободиться от еврейского народа. Евреи могут быть жителями Испании, Португалии, Германии, России или Израиля. Они могут жить внутри других народов, рядом с ними, отдельно от них. Не имеет значения. К евреям всегда были, есть и будут предъявляться претензии. Претензии могут быть абсолютно противоположные, нелогичные и даже абсурдные. Бааль Сулам по этому поводу написал так:

ЭПИЛОГ ПЕРВОЙ КНИГИ Отъезд в Эрец Исраэль

> *Известно, что народ Израиля ненавидят все народы – за религию ли, за национальность ли, за капитализм или за коммунизм, или же за космополитизм, и т. п. Ведь ненависть первична по отношению ко всем доводам, хотя каждый мотивирует собственную ненависть согласно своей психологии.*[130]

Поскольку всевозможные рациональные и полурациональные причины такого отношения к евреям исследуются давно, а ответа на этот вопрос до сих пор нет, пришло время заняться причинами нерациональными.

Кстати говоря, все Израильские войны, которые вела страна с момента своего основания в 1948 г., выглядят именно такими – иррациональными.

Вспомним 1948 год, когда армии Ливана, Сирии, Трансиордании, Египта, Саудовской Аравии и Ирака, напали на вновь возникшую, практически безоружную страну. Тогда в разгроме евреев никто в мире не сомневался. Но случилось чудо…

Дальше – больше. В 1967 г. Израильская армия в течение шести дней разгромила пять вооруженных до зубов армий. Ничего подобного история не знает.

В 1973 г. – все с точностью наоборот. Враги нападают первыми, и страна оказывается на грани краха, но… в итоге победа.

То, что произошло 7 октября 2023 иначе чем чудом, хотя и отрицательным, не назовешь. Армия, спецслужбы и современные технологии не смогли

---

130 Бааль Сулам, «Труды о последнем поколении». Kitvei Baal Hasulam. ARI. Israel. 2009. P. 832–833.

предупредить нападение, варварские зверства и угон заложников. Самое страшное, что это произошло не где-то далеко за рубежом. Нет, это случилось всего лишь в 20 километрах от самого обычного израильского города Ашкелон.

Сегодня очень многие признают, что причиной такого провала является тот невиданный по масштабам раскол народа, который произошел накануне этих событий. Не вдаваясь в причины, скажем лишь, что в те дни страна раскололась на две части на всех уровнях. Он коснулся правительства, армии, служб безопасности и даже проник в обычные семьи.

Если заглянем в историю еврейского народа, мы можем увидеть, что такого рода расколы случались много, слишком много раз. К сожалению, мы очень быстро забываем то, что было, а потому не делаем выводы на будущее.

Израиль ведет кровопролитную войну, которой не видно конца. Антисемитизм во всем мире взлетел до небес. Современное оружие может помочь выиграть сражение, но оно не может нам помочь победить. Помочь может только наше единство, вопрос лишь в одном: как его достичь.

Более ста лет тому назад Бааль Сулам, оставив в Польше своих близких, бросился в Эрец Исраэль, чтобы помочь еврейскому народу объединиться. Он, как никто понимал, что без этого евреям на этой земле не удержаться. В 1940 году он писал:

ЭПИЛОГ ПЕРВОЙ КНИГИ Отъезд в Эрец Исраэль

Мало того, что находящиеся в изгнании не воодушевляются от возможности, приехать к нам и насладиться избавлением, но и большая часть тех, кто был избавлен и уже находится среди нас, ждет не дождется, как освободиться от этого избавления и вернуться в страны своего рассеяния. Таким образом, хотя Творец и забрал эту землю из-под власти народов мира и дал ее нам, тем не менее мы ее еще не получили и не наслаждаемся этим.[131]

Еще не так давно для многих эти строки мало что говорили. Сегодня боль и переживания каббалиста, обеспокоенного судьбой своего народа, мало кого оставят равнодушным.

К сожалению, мы до сих пор не делаем правильных выводов. Мы продолжаем воевать между собой и плодить ненависть, вместо того чтобы искать возможность преодолеть разногласия и развивать братскую любовь. Как было сказано не раз в этой книге, еврейские конфликты – это не внутреннее дело евреев. Поэтому и спрос с нас особый.

Важно, чтобы народ Израиля притянул высший свет милости, называющийся «любовью милосердия».[132]

---

[131] Бааль Сулам. Предисловие к ТЭС, п. 34. Kitvei Baal Hasulam. ARI. Israel. 2009. P. 475.
[132] Бааль Сулам. Предисловие к ТЭС, п. 34. Kitvei Baal Hasulam. ARI. Israel. 2009. P. 779.

Дополнительная информация

Обучающая платформа Международной академии каббалы
https://kabacademy.com

Миллионы учеников во всем мире изучают науку каббала. Выберите удобный для вас способ обучения на сайте. Наша онлайн-платформа позволит вам пройти обучение у лучших преподавателей академии, изучая уникальные каббалистические источники, общаться в онлайн-сообществе, получить индивидуальное сопровождение помощника-тьютора

Международная академия каббалы

https://www.kabbalah.info/rus/

Сайт Международной академии каббалы — неограниченный источник получения достоверной информации о науке каббала. Вы получите доступ к уникальному контенту: библиотеке каббалистических первоисточников, к широкому спектру передач и архиву лекций.

Сайт дает возможность подключаться к прямой трансляции ежедневных уроков основателя и главы Международной академии каббалы Михаэля Лайтмана для всех, кто занимается углубленным изучением науки каббала и исследованием каббалистических первоисточников

Интернет-магазин каббалистической книги

https://www.kabbalah.info/rus/magazin-books/

Крупнейший международный интернет-магазин каббалистической литературы. Здесь представлен самый широкий и уникальный ассортимент научной, учебной и художественной литературы по каббале, включая каббалистические первоисточники. Возможность заказать книгу из любой точки мира.

Михаил Бруштейн

ЧЕЛОВЕК, КОТОРЫЙ ИЗМЕНИТ МИР

история жизни и деятельности каббалиста Бааль Сулама

Технический редактор: г. Шустерман.
Дизайн верстки: А. Мохин.
Дизайн обложки: А. Мухин.
Корректоры: И. Слепухина, П. Календарев, Л. Шмуленсон.
Компьютерная верстка: г. Заави.
Подготовка к печати: Й. Левинский.
Руководитель проекта: М. Санилевич.

При написании книги были использованы материалы из следующих архивов:

The Global Home for Jewish Genealogy
United States Holocaust Memorial Museum, courtesy of Guenther Schwarberg
The New York Public Library
Szukaj w Archiwach
Biblioteka Narodowa
Narodowe Archiwum Cyfrowe
Archiwa Państwowe

University of Warsaw Library
Israel State Archives
The National Library of Israel
The Ben-Gurion ARCHIVE
Yad Vashem
DIGAR Estonian Articles
TheShipsList
Wikimedia Commons:
Source: R. Marcinkowski, Ilustrowany Atlas Dawnej Warszawy, Oliwka, Warszawa 2013, p. 230. Date of the first publication (1908) is specified on page 9.

Source: Jerzy Piorkowski (1957) Miasto Nieujarzmione, Warsaw: Iskry, pp. 147 no ISBN (fotografia z kolekcji Stanisława Kopfa)

Source: Stanisław Poznański (oprac./edit.), Walka. Śmierć. Pamięć 1939-1945.

ISBN 978-965-7833-30-8

© M. Brushtein.
© Bnei Baruch-Kabbalah La'am Association, 2024
4934826, HaRabash St 12, Petah Tikva, Israel.
All rights reserved.

www.ingramcontent.com/pod-product-compliance
Lightning Source LLC
LaVergne TN
LVHW010202070526
838199LV00062B/4469